運命の将軍 徳川慶喜

敗者の明治維新

星 亮一
Hoshi Ryoichi

さくら舎

はじめに

最後の将軍、徳川慶喜《とくがわよしのぶ》ほど評価が分かれる人物はいない。二心殿《にしんどの》というあだ名が、これを如実に物語っている。その意味は時に応じて言動が極端に変わり、家臣たちが右往左往するという意味である。ただしこの表現は慶喜の一面を述べたにすぎない。

歴史家・松浦玲《まつうられい》氏は「徳川将軍は室町幕府に続く戦国動乱を制覇し織田信長、豊臣秀吉の跡を継いで日本国王として君臨した。慶喜は、その王位を失った」と『徳川慶喜』（中公新書）で評価した。

また歴史学者・家近良樹《いえちかよしき》氏は「最後の将軍の坐にありながら一気に奈落の底に沈み、後半は趣味の世界に生き、二人分の人生を歩んだ人物」と『徳川慶喜』（吉川弘文館）で表現した。

私は今回、最後の将軍徳川慶喜とはいかなる人物で、日本の近代史にどのようにかかわったのかを追ってみることにした。

慶喜は慶応二年（一八六六）、十四代将軍家茂《いえもち》の跡を継いで征夷大将軍となり、将軍の座に就いた。

開明的な人物で、フランスの皇帝、ナポレオン三世を尊敬し、禁裏《きんり》御守衛総督時代、ナポレオン三世から贈られた軍服や帽子をかぶり、アラブ馬にまたがって写真を撮影させていた。

駐日フランス大使、ロッシュと親交を深め、フランスの経済使節クーレとの間で、総額六百万ドルの借款契約を結び、製鉄所の建設、陸海軍の抜本的な整備、商社の設置、中央銀行の開設などを進め、封建制度を廃止し、世界に開かれた日本を目指す一大プロジェクトを発足させるなど徳川家康の再来とうたわれた英才だった。

慶喜は国際感覚に富み、当時の日本人としては、とびぬけた存在だった。

だが慶喜自身ではいかんともしがたい、幕府という組織の形骸化《けいがいか》である。

「もはや幕府に日本国家を統治する能力はない」

と反幕府を標榜《ひょうぼう》する薩摩、長州藩の台頭で、幕府は窮地に陥り、とても改革どころではなく、幕政の維持も危うい状態に追い込まれていたのである。

慶喜にとって最大の天敵は薩摩の西郷隆盛《さいごうたかもり》だった。

慶応三年（一八六七）十二月九日には薩摩藩兵が取り巻くなかで小御所の会議が開かれ、朝廷の名で慶喜に官位辞退、所領返納の沙汰が下された。

京都守護職の会津藩は激怒し、ただちに薩摩と一戦を交えんとしたが、慶喜は「余に深謀がある」と会津をなだめ、大坂城に落ち延びた。

西郷の本心は武力で幕府、会津を徹底的に叩き、徳川幕府を終焉《しゅうえん》させることだった。逃げの慶喜である。

慶喜に逃げられた西郷は江戸で騒乱を起こした。薩摩藩の江戸藩邸から浪人を繰り出し、江戸市中で火つけ、強盗、辻斬りと暴れさせた。

江戸での騒乱を知った大坂城の幕府、会津の兵士たちは、これに激怒し、西郷を撃たんと京都に進撃した。

西郷はこの時を待っていた。

京都郊外の鳥羽伏見で幕府、会津軍を待ち受けた。薩摩の関門で双方が「通せ」「通さぬ」と押し問答を繰り返し、幕府、会津が関門を突破せんとしたとき、薩摩の銃隊が火を噴いた。

会津の抜刀隊がこれに挑み、激しい戦いとなった。

慶喜は「決してひるむでない」と声高に叫んだが、西郷の次の一手が勝敗を分けた。西郷は天皇の御旗、錦旗《きんき》を戦場にかかげ、官軍対賊軍の戦いを演出、慶喜は会津藩主松平容《まつだいらかた》保《もり》を連れて、大坂城を脱出、天保山《てんぽうざん》沖に浮かぶ幕府の軍艦で江戸へ逃げ帰り、上野の寛永寺に籠って身をふるわせた。

徳川幕府はこれで瓦解した。

最後の将軍というと、そこから受ける印象が少なくとも二つある。ひとつは時代の波に翻弄され、輝ける徳川王朝に終焉をもたらした人物である。

もうひとつは、鮮やかに転身して、日本国王の地位を保持し続けた人物である。

徳川慶喜は前者の人物、明治維新という革命によって日本国王の地位を失った人物だった。

天皇が日本国の象徴として復権し、十五代将軍徳川慶喜は、徳川家発祥の地、静岡に引退し、趣味に生きる日々だった。

晩年は東京に移り住んだが、明治政府を相手に荒立てることは一切なく、愛弟子の渋沢《しぶさわ》栄一《えいいち》によって伝記も編纂された。

天敵の西郷は薩摩の内乱で命を落としたが、慶喜は三千坪の敷地に千坪の邸宅を建て、かつての家老にあたる家令、家従といった側近と書生、運転手、植木屋、料理人、風呂焚き爺、飯炊き婆、草取り婆など五十人近い大家族に囲まれ、明治政府からは維新の功労者として公爵、勲一等の勲章を授与され、明治天皇にも拝謁し、精神的には豊かな暮らしだった。

慶喜は大正二年（一九一三）、七十七歳でこの世を去ったが、葬儀には七千人を超える参列者があり、時の東京市長阪谷芳郎《さかたによしろう》は、

「慶喜公は卓越した英資をもって皇室に七百年来、武門に移った政権を奉還し、平和の間

に江戸城を開いた。よって東京市は今日の隆盛をみるにいたった。公の偉勲を感謝し、永劫、これを忘れることはない」

と最大級の哀悼文を呈し、東京市民の共感を呼んだ。

慶喜が江戸で西郷と戦えば、慶喜の栄誉ある晩年はありえなかった。無抵抗主義の華麗な余生といえた。

目次◆運命の将軍　徳川慶喜
――敗者の明治維新

はじめに　1

第一章　父は天下の副将軍

烈公斉昭　16
病的な女好き　18
天晴名将　18
英才教育　19

第二章　一橋家相続

一橋刑部卿　24
大奥でのエピソード　25
黒船来航　27

渋沢栄一が仕官　29
井伊直弼の大老就任　30
水戸気質　32

第三章　将軍後見職

桜田門外の変　36
慶喜、春嶽政権　40
薩摩藩最高指導者　42
初代駐日公使　43
佐幕派最強の武闘集団　44
会津の受難　46
会津藩公用局　46
一千の会津兵、京都へ　47
慶喜上洛　48
がんじがらめの慶喜　49
攘夷実行　53

第四章　一会桑の時代

武備の強化　56
水戸天狗党挙兵　58
平岡円四郎暗殺　62
禁門の変　63
一会桑の権力構造　65
天狗党処刑　68
勝海舟の毒舌　71
薩長同盟　74

第五章　第十五代将軍徳川慶喜

国際感覚　80
フランス式改造　82
長州の反撃　85

下手人は誰か　87
不退転の決意　88
コルシカ島　90
パリ万国博覧会　92
各国外交団との引見　93
兵庫開港　96
フランス離反　97
原市之進暗殺　98
土佐藩、建白書を提出　101
慶喜の選択　103
政権を朝廷に返上　105
西郷、武力討幕を決意　108

第六章　大政奉還

討幕のシナリオ　112
岩倉具視、王政復古の大号令　114

土佐藩主を脅す西郷 118

第七章 鳥羽伏見の戦い

慶喜決断 122
慶喜の甘さ 124
パークス、ロッシュとの会見 128
幕府、会津、桑名の連合軍が集結 130
会津藩兵の突進 135
官軍対賊軍の戦い 137
神保修理の報告 139
部下を捨てて逃亡 141
幕府瓦解 143
近江商人の目 144

第八章 逃げる慶喜

江戸城大混乱　148
勝の腹芸と西郷の深慮　151
英公使パークスに救われた慶喜　155
英国の反対　156
「豪傑の仕業」と西郷を称えた松平春嶽　159
奇々怪々の水戸藩事情　161
江戸開城と旧幕兵の脱走　163
居心地の悪い水戸での謹慎　164

第九章　奥羽越列藩同盟

幕府の生贄にされた会津　168
徹底抗戦叫ぶ会津　171
大樹、連樹を捨つ　173
仙台藩校・副学頭、玉虫左太夫の登場　174
幕府よりも閉鎖的な薩長のやり方　178
薩長軍は官軍にあらず　181

薩長連合国家と北方政権の対決　182
会津人の榎本批判　185
傍観者に終始　188

第十章　慶喜残照

三十二歳で隠退閑居　192
逃げまくる慶喜　192
渋沢栄一との再会　193
三十年にわたる静岡暮らし　195
ふたたび東京へ　197
伊藤博文との会話　199
旧き日本の終わり　201
慶喜の評価　204

あとがき　210

運命の将軍 徳川慶喜

――敗者の明治維新

第一章　父は天下の副将軍

烈公斉昭

徳川幕府の第十五代将軍、徳川慶喜の毛並みのよさは他の追随を許さなかった。

父親は水戸徳川家第九代藩主の徳川斉昭《なりあき》である。斉昭は天下の副将軍を自称する政治好きで、烈公斉昭といわれた人物だった。

生母は斉昭の正室登美宮吉子《とみのみやよしこ》である。吉子は有栖川宮織人親王《ありすがわのみやおりひとしんのう》の王女で、才媛の誉れが高く、慶喜に大きな影響を与えたといわれている。

慶喜は徳川家と皇族の二つの血を受け継いだ人物だった。これが慶喜を考えるうえで、重要なことだった。

慶喜は、天保八年（一八三七）九月二十九日、江戸小石川の水戸藩邸で生まれた。

水戸に早馬が駆け、男子誕生の喜びが伝えられた。幼名は七郎麿昭致《しちろうまろあきむね》といった。

水戸徳川家は徳川家康の第十一子、頼房《よりふさ》に始まる。二代が有名な光圀《みつくに》である。

光圀の少年時代は傲慢不《ごうまんふ》遜《そん》で暴れ者だったが、長ずるに及んで学問に長じ、『大日本史』の編纂や藩政改革に努め、孝子節婦の表彰や貧農の救済、水道の開設、さらには大船を建造して蝦夷地の探検に乗り出すなど数々の功績をあげ、水戸《みと》黄門《こうもん》と呼ばれた人物である。

七十三歳で没したとき、

天が下　二つの宝つきはてぬ

佐渡の金山　水戸の黄門

と歌われた。

慶喜の父斉昭は、水戸黄門の再来と若い頃から期待された人物で、慶喜が生まれた頃、父は天保の大改革を進めていた。

その中身は武備の充実と海防の強化、学校の建設で、学校は水戸城三の丸に開き、弘道《こうどう》館《かん》と名乗った。

江戸在勤者の削減も進め、二千五百余人のうち二百余人を水戸に移住させ、城下の充実を図った。

外国の脅威に対処するとして大砲の製造もことのほか熱心で、十貫目長身の「一発鏖《いっぱつおう》虜《りょ》」と名づけた巨砲を自ら設計して造らせた。一発鏖虜とは一発で異国の軍艦を沈めてしまうという意味である。

銅二千貫、職人百二十人を使って完成したこの大砲はドカンと撃つと砲身が破裂し、二度も失敗したが、三度目になんとか撃てるものを完成させた。

「これで神州の武勇を海外に輝かすのじゃ」と本人は大まじめだったが、ドカンと撃つと目の前の海にぼちゃんと落ち、とても黒船を撃沈させる能力はなかった。

これを江戸に運ぶときは近郷近在から多くの農民を動員したので、農作業に支障をきたし、領民からは怨嗟の的だった。

病的な女好き

斉昭は病的なほどの女好きで、司馬遼太郎の『最後の将軍』には、大奥に入り込み、女官を手籠《てご》めにしようとし、女官たちから毛虫のように嫌われたとある。

その結果、慶喜の兄弟姉妹は男十二人、女六人にも及んだ。ほかに男十人、女九人が早世しているので、これを足すと三十七人にもなる。精力絶倫の男でもあった。

大名家にとって、もっとも困るのは、子供が生まれぬことである。子供がいないと取り潰しにあうためハーレムをつくり、入れ替わり女を替えて子づくりに励むことになるのだが、京都から来た瓜ざね顔の高貴な女性ほど骨が細く虚弱体質だった。このため死産も多かった。

慶喜の実母・登美宮も京都の出で、子供は少なく、慶喜の同腹は水戸家を継いだ長兄の慶篤《よしあつ》だけで、他は異母兄弟だった。

天晴名将

斉昭は子供たちを眺めながら、

「五郎は品はあるが、すこし柔和にすぎ養子向きだ。七郎は天晴《あっぱれ》名将となろう。八郎は七郎に似ている。九郎は五郎に似ている。十郎はまだ分からない」

と評した。天保十三年（一八四二）、慶喜六歳の頃の話である。

ここに出てくる五郎は鳥取藩主となった慶徳《よしのり》である。八郎は川越藩主の直侯《なおよし》である。九郎は岡山藩主の茂政《しげまさ》、十郎は浜田藩主の武聡《たけあきら》である。十一男以降は余一麿《よいちまろ》、余二麿《よふたまろ》と呼び方が変わり、二十男は廿麿《はたちまろ》、二十一男は廿一麿《はたひとまろ》であった。

パリの万国博覧会に派遣されたのは、余八麿《よはちまろ》、後の水戸家十一代藩主昭武《あきたけ》である。会津藩にも余九麿《よくまろ》が養子に入り、喜徳《のぶのり》と名乗り、会津若松の籠城戦を戦っている。

女子は第六姫が盛岡の南部藩主南部利剛《としひさ》夫人、第九姫は仙台藩主伊達慶邦《よしくに》に嫁いでいる。

英才教育

水戸家では幼少期を藩地で教育する方針をとっていたので、慶喜も生まれた翌年には水戸に移り、ここで数年間を過ごしている。

日々の暮らしは質素で、しつけは厳格であった。慶喜は手織り木綿の着物に小倉織りの木綿単衣袴《ひとえばかま》で過ごし、布団も麻、木綿に限り、三度の食事も一汁一菜《いちじゅういっさい》、月に三日しか魚は食卓に並ばなかった。

だから幼い頃の慶喜は特に贅沢《ぜいたく》をすることなく世間一般の暮らしであった。

特に病気もせず、やんちゃに育ち、兄弟のなかでは、ひときわ目立つ存在だった。斉昭はそんな慶喜に早くから目をつけ英才教育をほどこした。

才気煥発《さいきかんぱつ》、名器の器であったが勉強が大嫌いで、眼を放すと遊んでばかりいる。教育係の言うことは聞かず、弟たちを率いて戦《いくさ》ごっこにあけくれていた。

「憎たらしいお子ですこと」

女中たちの評判はすこぶる悪く、のちの鳥取池田藩主慶徳などは同じ年だが、優しい性格なので、いつもいじめられた。

ひな人形などを飾ってにこにこしていると、

「なんだこんなもの」

とばらばらに壊してしまい、慶徳は泣いていた。いじめが大好きだった。

そんな慶喜を何とかしようと、斉昭は傅役《もりやく》の井上甚三郎に、

「なんとかせい」

と発破《はっぱ》を掛ける日々だった。

「嫡男以外は養子に望む家があれば直ちに遣わすものなれば、文武の心得なくば水戸家に恥となる。水術、弓術、馬術の三科は特に鍛えるべし。中でも馬術は馬場で乗るだけではなんの役にも立たぬ。山野を駆けるべし」

これが斉昭の命令だった。

日課は朝起きると、まず四書五経の復読である。

近侍《きんじ》のものが誤りをただし、それから朝食、続いて習字、それから弘道館に行き『論

語』や『大学』『中庸』などの素読の指導を受け、正午に戻り、昼食のあと習字、復読と繰り返すのだが、隙あれば逃げ出そうと狙っていた。

武術になると生き生きしてくるのだが、勉強は大嫌いだった。困った教育係が斉昭に訴えると、

「指の間に灸《きゅう》をすえてもかまわぬ。それでもいうことを聞かぬ時は、座敷牢に入れよ」といという。

座敷の一角を襖で囲って、縄でぐるぐる巻きにしてここに閉じ込めた。

これは効き目があり、別人のように勉強するようになった。しかし、隙あれば逃げ出すことは忘れていなかった。

人の裏をかくのも上手で、復読の際、近侍がにわかに用事があって席を立ったりすると、慶喜はすかさず本を二、三枚めくってなに食わぬ顔ですましていた。

実はこれは父のやらせだった。

突然、背後から、

「ばか者っ」

と声がした。いつの間にか父斉昭が後ろにいたのである。これには慶喜もぐうの音も出ず、「ごめんなさい」とおとなしく謝った。

斉昭はこの程度の才覚がなければ、将来、宰相にはなれぬと内心はほくそ笑んでいた。

このように斉昭は子供の教育にはことのほか熱心な人物だった。夜、子供の部屋を一巡し、

「今日はどんな書物を読んだか」

と奉仕の女房たちに聞いてまわり、寝相を直すことまでした。

慶喜はひどく寝相が悪く、ゴロゴロ転げまわっていた。

「困った奴だ」

斉昭は頭を痛め、寝相を直すべく、荒療治を始めたのが、枕の両側に剃刀を立てて寝かすことだった。これが本当に効果があったかどうかは疑問だった。

人間は睡眠中に無意識に寝返りを打つ。

「利き腕の右手を斬られないようにと、右を下にして寝るよう」

と口うるさくいわれたというが、どの程度、効果があったのかは分からない。

慶喜は八歳のとき、天然痘にかかった。斉昭はさっそく、江戸から牛痘の種をとり寄せ子供たちに種痘をほどこしている。

第二章　一橋家相続

一橋刑部卿

斉昭は、七郎麿を将軍にしたかった。

歴代将軍をつらつら眺めてみると、将軍家に生まれた者が将軍になっているわけではない。

二代将軍秀忠《ひでただ》は家康の第三子である。三代将軍家光《いえみつ》は秀忠の嫡男である。四代家綱《いえつな》、五代綱吉《つなよし》も将軍の子である。

六代将軍家宣《いえのぶ》は三代将軍家光の三男、甲府藩主徳川綱重《つなしげ》の子なので、直系の部類に入る。七代将軍家継《いえつぐ》はすんなり家宣の世子だが、八代将軍吉宗《よしむね》は紀州の出である。九代家重《いえしげ》、十代家治《いえはる》は同じ血が続くが、十一代家斉《いえなり》は御三卿の一橋《ひとつばし》の出である。

時の十二代将軍家慶《いえよし》は家斉の次男だが、政局がどう動くか分かったものではない。水戸に順番が回ってくるかもしれない。そのときは天晴名将の器の七郎麿がいい。

斉昭は正室の吉子を相手に夢を語った。才気煥発な七郎麿がいつも話題になった。

斉昭が七郎麿に、熱いまなざしを注ぐのは、何かこの子はやってくれそうだという予感めいたものを感じさせるからだった。

その予感が当たることになる。

弘化《こうか》四年（一八四八）八月一日、幕府老中阿部伊勢守正弘《あべいせのかみまさひろ》から水戸藩付け家老中山備後守《なかやまびんごのかみ》を通して七郎麿の一橋家相続の話が持ち込まれた。

一橋は三卿の一つである。

中山備後守は、ハタと困惑した。水戸家の跡継ぎは長男の慶篤《よしあつ》である。万が一、慶篤に何かあれば跡継ぎは七郎麿である。

「なんだと」

斉昭はしぶい顔をしてみせたが、内心はしてやったり。近年にないうれしい話である。

「伊勢守の顔を立てることにする」

と早速、承諾の返事をした。

慶喜が江戸藩邸に入ったのはこの年八月十八日である。二十五日に幕府から一橋家相続の公命を受け、徳川七郎麿を名乗った。

江戸城に行って将軍家慶に挨拶したのは十月一日である。

十二月一日には元服、従三位中将《じゅさんみちゅうじょう》に叙せられ、将軍家慶の一字をもらい、名を一橋刑部卿《ぎょうぶきょう》慶喜と改めた。

慶喜十一歳である。

大奥でのエピソード

将軍にご挨拶の後、慶喜は初めて大奥《おおおく》に足を踏み入れている。

これまで女といえば、身の周りにいたのは老女一人である。

女中たちが群がってきて、

「一橋様のお母君は名を何と申される」

という。女中たちの多くは都から来ている。

水戸の武士の娘とでも思ったに違いない。

慶喜は憤然として、

「麿《まろ》は有栖川の孫なるぞ」

と声高に睨みつけると、皆あっと驚き、平伏した。

いかにも慶喜らしいエピソードだが、本人は後年、

「何やらいったが記憶にない」

とぼかしている。

声高にいうは慶喜の特徴で、

「大将たるもの声が大きくなければ、戦場の号令も行き届かぬ」

といわれており、子供心に声高に相手を威圧するコツを覚えていたようである。

一橋家に入ってもまだ少年である。

養育はもっぱら水戸が担当した。

傅役の井上甚三郎が水戸から上がり、武七、文三の割合で教育が行われた。

水戸の質実剛健の気風を伝授させねばならぬ。そんな思いが込められていた。

武術は馬術、弓術、槍術、剣術、砲術、騎射で、文は習字、漢学、国学、和歌などの習得に努めた。武では特に馬に力を入れた。

ただ一橋家にもしきたりがあり、次第に一橋色が強くなり、のちに幕臣の平岡円四郎《ひらおかえんしろう》が近侍として採用され、文武の割合も五分に変更された。

外国事情も学び、特にフランスに興味を抱き、ナポレオンに心酔した。全国の大名の中で、慶喜ほど幅広く学問を学んだ大名は皆無だった。

多角的に英才教育を受けた人物が徳川慶喜だった。

黒船来航

慶喜が政治に乗り出すきっかけは、ペリーの来航である。

嘉永《かえい》六年（一八五三）、ペリーの艦隊が浦賀に姿を現した。

慶喜十七歳である。

開国か攘夷《じょうい》か。

国内は、真っ二つに割れる。

幕府はオランダからペリーの来航を事前に知らされており、尾張藩、薩摩藩、佐賀藩などもこの情報を得ていた。

時の老中首座は阿部伊勢守正弘である。今の内閣総理大臣にあたる。この時三十五歳である。

幕府というと古めかしい印象を受けるが、決してそうではない。

開国か攘夷か、国内は大いに揺れたが、幕府は開国に踏み切り、翌年再来日したペリーと日米和親条約を結び、海防や海軍力の増強を進めることになる。

従来、将軍は飾り物だった。しかし、こうした大事件が起こると、飾りものの将軍では対応できなくなる。

ペリー来航時の将軍、徳川家慶が病没すると、世子家祥《いえさち》が将軍職につき、家定《いえさだ》を名乗ったが、生来病弱で、いつも体を小きざみにぶるぶる震わせ、言葉も慣れた人でないと聞きとれない人物だった。

米国駐日初代総領事のハリスの『日本滞在記』に初めて会った時の様子が描かれている。

「私は大君《タイクーン》に挨拶の言葉を述べ、頭を下げた。短い沈黙ののち、大君は自分の頭を、その左肩を越えて後方へぐいと反らし、同時に右足を踏み鳴らした。これが三、四回繰り返された。それから、よく聞こえる気持ちのよい、しっかりした声で、両国の関係は永久に続くであろうという意味のことをいった」

これではとても将軍は務まらない。次期将軍の名が、あれこれ噂にのぼるようになった。

その有力候補が慶喜と紀州の慶福《よしとみ》である。

慶福の父は紀州家十一代の斉順《なりゆき》で、十一代将軍家斉の第七子である。しかし、慶福はまだ十歳にも満たない少年である。一方、慶喜は自分なりの判断力もあり、年長、英明の点では慶喜のほうがすぐれていた。

どちらにすべきか。

にわかに周囲がうるさくなった。

十一歳から十五、六歳までの慶喜には、これといった逸話もないが、十二歳の時、京都の公家一条忠香《ただか》の娘千代君と婚約した。

しかし、千代君が天然痘にかかったため婚約は解消となった。

慶喜を恨んで自殺したとか、諸説があったが、千代君は明治の世を一人寂しく暮らしたようで、明治十三年、越前の寺院で病死している。まことに気の毒なことであった。

慶喜は代わって、今出川実順《さねあや》中将の妹美賀《みか》君と婚約した。

美賀君は気性の激しい女で、トラブルが絶えなかったともいうが、家庭もしっかり守っているという意味でも、慶喜は次期将軍にふさわしい家庭環境にあった。

慶喜の周辺には幕臣平岡円四郎が近侍として付き、斉昭も慶喜を後継者にすべく猛然と運動をはじめた。

渋沢栄一が仕官

ＮＨＫの大河ドラマ「青天を衝け」の主人公となった渋沢栄一の人気は高まる一方であ

る。渋沢が一橋家に仕官し、慶喜と知り合わなければ、その後の渋沢は存在しないことは明らかである。

慶喜の朝の日課は乗馬である。

慶喜は五十騎と二十人を率いて疾走する。

渋沢は一番後ろから顔を真っ赤にして、必死に追いかけた。

「あの男はなんという」

慶喜が執事に尋ねた。

「血洗島《ちあらいじま》から来た渋沢栄一でございます」

「そうか。変わった男だ」

といった。これが慶喜と渋沢の出会いだった。

渋沢が育った血洗島は現在の埼玉県深谷《ふかや》市にあり、栄一は父、市郎右衛門と母、英の間に生まれた。

江戸時代の農村といえば、貧農のイメージがあるが、渋沢の家は兼業農家で、養蚕のかたわら染料の藍の製造と販売をし、さらに荒物屋業や金融業も営む豪農であった。

渋沢は懸命に仕事に励み、慶喜の信頼を得てやがて活躍しはじめる。

井伊直弼の大老就任

このころ彦根の井伊直弼《いいなおすけ》の大老就任が浮上し、併せて慶福を後継者とする案が急ピッチで進行した。

この決定に慶喜の父斉昭は激怒し、徹底的に直弼に反対する策に出た。

水戸は尊王攘夷《そんのうじょうい》である。

米国のいいなりになって条約を結ぶなど、もってのほかだと直弼を攻撃すれば、直弼は米国と戦争をすれば、負けるに決まっていると反論、仁義なき戦いとなった。

大老に就任した直弼は安政五年（一八五八）六月、天皇の勅許《ちょっきょ》を得ぬまま日米修好通商条約に調印した。これは思い切った決断であった。

「拒絶して国体を辱しめるか、調印して国体を守るか」となれば一国の責任者としては、調印を選ぶというのが直弼の考えだった。

この年七月六日、将軍家定が三十五歳の若さで死去、慶福が名を家茂と改め第十四代将軍の座に就いた。

直弼は安政の大獄で尊王攘夷派を次々と処断、万延元年（一八六〇）には日米修好通商条約の批准交換のため遣米使節を派遣、日本は国際社会に華やかに登場した。

しかし国内は騒乱状態で、当の井伊直弼が暗殺される事件が起こり、国内は大混乱に陥った。

この事件、水戸藩が関係していた。

御三家の水戸藩が大老を殺せばどういうことになるのか、という高度な判断が欠如していた。目先の利く薩摩藩が、

「政局混乱の罪は水戸にあり」

と糾弾《きゅうだん》したので、水戸藩は大きな打撃を受け、斉昭は万延元年八月十五日、国元永蟄居《えいちっきょ》のまま失意のうちに心臓発作で急死する事態となった。

水戸は御三家なるが故に、保守の気風が随所にみなぎっていた。早い話が水戸と聞いただけで、人々は「ははあー」とひら蜘蛛《ぐも》のようにはいつくばった。

ただし同じ御三家でも、紀州、尾張に比べると水戸藩は格下だった。

領地を比べると、尾張が五十万石（後六十二万石）、紀州が五十五万石である。

水戸は当初二十五万石、その後、増えて三十五万石になったものの、その差は歴然としていた。

加えて水戸藩は他の大名のように参勤交代はなく、そのかわり水戸家では主君はもとより家老以下重臣たちはこぞって江戸に住まなければならなかった。

このため水戸藩の中心はどうしても江戸になり、国もととの間になにかと亀裂が生じた。

水戸気質

山川菊栄の『覚書　幕末の水戸藩』に面白い話が出ている。

江戸育ちと水戸育ちではまるで人間が違い、とても同じ藩士とは思えないというのだ。

今でも東京と水戸では違う面も多いと思うが、なにせ江戸時代である。

江戸育ちはおしゃれで気取っていて粋で、髪の結い方から着物、物言い、まるで舞台の上で役者をしている侍みたいだったという。

懐に両手を入れてつき袖をしてシャナリ、シャナリとやってくると、水戸育ちは顔を見合わせ、江戸育ちは江戸育ちで、水戸育ちをヤボな百姓で田舎侍丸出しと軽蔑《けいべつ》した。

水戸の城は貧弱で天守閣はおろか満足な石垣もなく、江戸育ちはいっそう水戸を馬鹿にしていたようで、それやこれやが重なって、水戸藩士の心の奥は複雑で、ばらばらの感は否めず、ひがみ根性が双方にあった。

水戸城に天守閣がそびえ、江戸常府ではなく他の大名と同じように、主君が領地暮らしであれば、もっと違った幕末維新を迎えたと思う。

常府は根無し草のようなものであり、水戸が慶喜を支え切れなかった面が出てくるのは、こうした事情によるものだった。

水戸は特に威張り方がひどいと評判で、幕府の役人ですら避けるほどだった。

木端《こっぱ》役人が威張るのは今も同じだが、水戸の家中はどこに行っても横柄で、威張りくさっていた。

関所であろうが、渡し舟であろうが、相手が文句をつけようものなら、徹底的にやっつけるので、街道筋の人には嫌われものであった。

特権意識からは、なかなか新しいものは生まれない。慶喜の周辺にはこうした人々が、うようよしていた。

第三章　将軍後見職

桜田門外の変

慶喜に転機が訪れるのは、血生臭い桜田門外《さくらだもんがい》の変によってであった。大老井伊直弼が江戸城に向かう途中に暗殺されたのだ。

直弼は開国を決断した点で、わが国の政治史に残る英傑であったが、毀誉褒貶《きよほうへん》に富む人物で、開国の元勲と称えられたかと思うと、志士を弾圧した保守反動の人間と非難され、評価が定まらないきらいがあった。

しかし直弼の業績をつぶさに点検すると、欧米列強に屈することなく日本国を守り、列強による日本の植民地化を回避したことは、文句なく最大功績だった。

当時のアジアの情勢をみると、インドはイギリスによって植民地化され、中国もアヘン戦争でイギリスに敗れ、上海は半ば占領状態だった。

もし日本がアメリカと戦闘に入れば、たちまち江戸は占領され、琉球列島あたりは植民地としてとられた公算が大だった。

政治家の使命は客観的に日本国の置かれた状況を見つめ、いかに対処し国益を守るかであり、それは今も昔も変わらない。

その意味で、直弼の暗殺は、極めて後ろ向きな事件であり、日本の政情不安を世界にさらけだす出来事になった。

この時、直弼が送った遣米使節がちょうどアメリカ東部の都市、フィラデルフィアに滞在中であった。

土地の新聞フィラデルフィア・インクワイアラーに、

「日本国皇帝が日本暦のさる三月三日、宮殿に向かう途中、十四人の変装した者に暗殺された。皇帝の家来も六人殺された。刺客側も四人殺され、うち三人の首は犯行をくらますために、共犯者が持って行った」

という報道が掲載された。

遣米使節は騒然となった。

日本国皇帝とは誰を指すのか。

天皇か、あるいは将軍か。

そのどちらかだが、天皇や将軍を暗殺する風土は日本には少ない。

宮殿に向かう途中とあらば、大老しかいない。使節団はすぐアメリカ政府に問い合わせ、間もなく井伊大老と分かったとき、使節たちは青ざめた。

使節のなかには、後に勘定奉行として幕府の立て直しに当たる小栗上野介《おぐりこうずけのすけ》もいた。

小栗がもっとも心配したのは、開国に反対する勢力が日本にあり、しかも問題は幕府の内部にそれが存在することだった。

今の日本は決して一枚岩ではない。

もろく脆弱《ぜいじゃく》な部分があることを世界に知らしめてしまったのだ。

「馬鹿な奴がいるものだ」

小栗は激怒した。

これを機に諸外国の日本分析もシビアになり、イギリスが幕府に疑義《ぎぎ》を抱き、薩摩や長州に接近して行くことになる。

日本の一般大衆も大老の首を取られるという幕府のだらしなさに、なかば呆れた。

江戸っ子は野次馬と化し、ぞろぞろと現場を訪れ、ごったがえした。

「ないものづくし」という「だじゃれ」も流行った。

三月三日、大雪めったにない
桜田騒動、途方もない
そこでどうやらお首がない
ただの一人も追っ手がない
お駕籠があっても吊り手がない
ご番所で留め手がない
上に仁なし礼なし、ご家臣に器量なし
日本一の首がない

というものだった。

ここまで茶化されると、幕府も面目丸潰れだった。

各門には一定の間隔ごとに公儀辻番、大名辻番、旗本辻番があり、いずれも数人の当直が交代で詰めていた。

その報告書を見ると、危機意識はまったく感じられないものばかりだった。

米沢藩の報告書にはこうあった、

「今朝八時頃、井伊様の御登城を見ていると何者とも相知れず七、八人、抜刀で切り込んだ。持ち場ではないが、お届け申し上げる」（米沢藩当番）

「今朝、騒々しき体で、七、八人通った者番人が追留に繰り出したところ駆け出し、跡をつけていったところ脇坂様へまかり出たのを見受けて引き取った」（日比谷御門当番）

など報告があったが、大老が暗殺されたという危機感は感じられなかった。

直弼を倒した水戸浪士たちに倒幕の意識はなかったが、結果として、これが倒幕運動に火をつけることになる。

水戸はもともと不思議な藩であった。

徳川家を守るはずの御三家にもかかわらず、外様の薩摩、長州と組み、暗殺という強烈な手段で、これでもかこれでもかと、幕府に歯向かった。

イギリス公使館がおかれた東禅寺を襲撃したのも水戸浪士だった。

自分たちは神州が夷荻《いてき》のために汚されるのを傍観できないと、外国人を襲った。その点で考えると、小栗上野介の感覚は極めてまっとうなものだった。

慶喜、春嶽政権

直弼死後の政治は、老中久世《くぜ》大和守広周《やまとのかみひろちか》と安藤対馬守信正《あんどうつしまのかみのぶまさ》が担当した。

久世・安藤政権である。

二人は公武一和を推進する。

先の仁孝《にんこう》天皇の皇女和宮《かずのみや》を将軍家茂の夫人に迎え、江戸と京都の融和を図ろうという策略である。

和宮は有栖川宮熾仁《たるひと》親王宮と婚約していたが、それを破談しての輿入れである。

尊王攘夷派が大いに憤慨し、途中を襲って和宮を奪い返そうとする計画もあった。

文久二年（一八六二）二月十一日、江戸城内で婚儀が行われ、ともに十七歳の若い夫婦が誕生したが、その一カ月前に老中安藤信正は坂下門外で、またも水戸浪士に襲われ、久世・安藤政権もあえなく崩壊した。この時は長州がかんでいた。

この時、幕政に積極的に乗り出した人物がいた。越前藩主松平春嶽《しゅんがく》である。本名は慶永《よしなが》。極めて将軍家に近い人物である。文政十一年（一八二八）九月、江戸城内の田安《たやす》家に生まれている。

慶喜より九歳年長で、十一代将軍家斉《いえなり》は伯父、十二代将軍家慶《いえよし》は従兄弟と毛並みはずば抜けている。しかし直弼とは肌が合わず、長い間、斉昭とともに閉門幽居《へいもんゆうきょ》の身であった。直弼の影を引きずる安藤が退いて、ようやく自由の身になり、そろりそろりと動きだしたのである。

春嶽の政策顧問は熊本出身の思想家横井小楠《しょうなん》である。

小楠は長崎で外国事情を学び、文献にも目をとおし、キリスト教にまで考察の幅を広げ早くから開国論を唱え、殖産交易を進めて国を豊かにし、併せて海軍を強化し、米国と手を結び、世界に貢献せんという画期的な思想の持ち主だった。

春嶽はこの人物を越前に迎え、最高顧問に据えた。自分は幕府そのものの血脈につながる人間である。しかし最早それにこだわることはしないと心に決めていた。日本は諸外国に門戸を開いたのだ。いまさら攘夷といってもはじまらない。

朝廷は頑固に攘夷を叫んでいるが、これも困る。ここは幕府と朝廷が一体となって国を変えていかねばならない。しかし将軍家茂はまだ若い。そこで聡明な慶喜を将軍後見役に抜擢、国難を乗り切ろうというのが春嶽の構想だった。

備中松山藩主板倉勝静《かつきよ》、山形藩主水野忠精《ただきよ》ら幕閣は難色を示したが、春嶽は慶喜の将軍後見職を強引に進め、周囲を説得した。

「殿の出番ですぞ」

近侍の平岡円四郎も身を乗りだした。平岡は二〇二一年大河ドラマで有名になった。

この時、一橋慶喜、二十六歳である。

「なにも自ら名乗りでる気はない」

と、慶喜は当初、鷹揚《おうよう》に構えてはいたが、内心は都の方に向いていた。もともとトップとしての帝王教育を受けている。

「平岡、余は直弼のように帝《みかど》を無視することはせぬ。尊王こそ水戸家の家訓である」

と、慶喜も意欲をみなぎらせた。

薩摩藩最高指導者

この時、意外な行動に出た人物がいた。

薩摩藩の島津《しまづ》久光《ひさみつ》である。薩摩藩主島津茂久《もちひさ》の父で、薩摩藩の最高指導者である。

尊王攘夷は時代遅れ、これからは諸外国と交流が必要と主張する開明派で、藩兵八百を率いて上洛、討幕を主張する藩内の尊王攘夷派、精忠組の過激分子を伏見の寺田屋で粛清。

朝廷に対して、

「開国か鎖国かは天下の公論によって決すべし」

と進言した。

朝廷側は八百の軍団に威圧され、久光に屈服した。久光はこれを土産に、勅使大原重徳《しげとみ》を擁し、江戸に上り、幕閣に慶喜の将軍後見職、春嶽の政事総裁職を認めさせた。

薩摩は以後、天下の雄藩として国内政治に大きな影響力を持つことになる。西郷隆盛も激しく動いている。

西郷も尊王攘夷の運動家で、米国と通商条約を独断で締結した大老井伊直弼の暗殺を画策していた。

初代駐日公使

今日の社会と比較すると、当時の幕府と諸藩、国民との間には、大きな乖離《かいり》があり、特に外交問題は天皇はもとより国民の理解を超えた問題だった。

幕府と米国政府との交渉は初代駐日公使、タウンゼンド・ハリスとの間で行われた。

ハリスはニューヨーク州ワシントン郡サンデーヒルに父ジョナサン・ハリスの六男として生まれた人物だった。

家が貧しかったため中学校卒業後は父や兄の陶磁器輸入業を助けながら、独学でフランス語、イタリア語、スペイン語を習得し、外国との仕事を目指し、貿易業を始めた。中国、ニュージーランド、インド、マニラなど太平洋を中心に各地を歩き、外交官を職業とすることを決断した。

ハリスは国務長官など政界人の縁を頼って政府にはたらきかけ、寧波《ニンポー》の領事に任命された。その後、大老井伊直弼が京都の朝廷の勅許無しでの通商条約締結に踏み切り、日米修好通商条約が締結されたとき、駐日公使に選ばれ来日した人物だった。

直弼の跡を継ぐのは、松平春嶽と徳川慶喜の春嶽・慶喜政権である。慶喜は程なく上洛、国政の第一線に登場する。

佐幕派最強の武闘集団

慶喜を担ぎだした春嶽が最初にぶつかった問題は、許容の幅である。薩摩、長州、それにつながる尊王攘夷派の公卿たちの動きをどこまで認めるかである。討幕は未然に防がねばならぬ。

慶喜もこの一点は死守する覚悟だった。

この時、京都は全国の尊攘派拠点だった。

激化する京都の尊王攘夷の暴走に誰が歯止めをかけるかである。本来は旗本がやらねばならないのだが、旗本はとうに戦闘集団の意識を失っている。

子供のころから官吏になるよう育てられ、気のきいた家ではオランダ語や英語の学習に余念がない。

偏差値、塾通いの今日とよく似ている。

おかげで、岩瀬《いわせ》肥後守《ひごのかみ》忠震《ただなり》、川路《かわじ》左衛門尉《さえもんのじょう》聖謨《としあきら》、小栗上野介忠順《ただまさ》らを輩出したが、戦う集団はとうに消えてしまった。

水戸はどうか。

江戸にいる藩士たちは、すっかり都会人である。水戸の方は尊王攘夷に凝り固まっていて、都の警備などできるわけがない。

「一橋どの、会津であろうな」

春嶽がいった。

会津は保科正之《ほしなまさゆき》が築きあげた一糸乱れぬ軍団である。正之は三代将軍家光の異母弟で、四代将軍家綱の後見役として並ぶ者なき権勢を誇った人物である。

「なるほど」

慶喜は律儀な顔をした会津藩主松平容保《かたもり》を思い浮かべた。奥羽の厳しい山並みに囲まれた会津藩には、藩祖保科正之が決めた家訓《かきん》十五条があった。そこに幕命に従えとあった。

「余を補佐する大名は精強軍団を率いる奥州会津の松平容保を置いてほかにはいない」

慶喜は、自身を補佐する京都守護職に、会津藩守松平容保を起用する方針を決めた。会津藩は後年、白虎隊で有名になるが、当時から佐幕派最強の武闘集団だった。

慶喜と春嶽は会津藩の江戸家老の横山主税《ちから》にこれを伝えた。

会津の受難

この話、会津にとって青天の霹靂《へきれき》であった。

京都が騒乱状態とあらば、まずは旗本が警備に当たるべきではないか。

会津藩内に異論が澎湃《ほうはい》として起こった。

慶喜と春嶽はあれこれ手を尽くして会津藩を口説いた。

「幕府はがたがたで、ここは武勇を誇る会津しかおらぬ」

会津の幹部を口説き回った。

会津藩の外交方は江戸昌平黌《しょうへいこう》出身の秋月悌次郎《ていじろう》と広沢富次郎《とみじろう》である。

慶喜の側近、原市之進《いちのしん》は秋月と昌平黌で同期であった。原の努力の甲斐があって会津藩は真剣に対応した。

幕府のためなら京都守護職を受けても構わぬ。会津藩は前向きだった。これが会津藩滅亡の遠因となるなど、誰一人知るよしもなかった。

会津藩公用局

当時の京都の情勢を知る資料がある。

会津藩公用局の報告書、『会津藩庁記録』である。

会津藩は京都に向かうに当たって秋月、広沢に続いて野村左兵衛《さへえ》、外島機兵衛《としまきへえ》、柴太一《しばたいち》郎《ろう》、大庭恭平《おおばきょうへい》らを都に派遣し、情勢の探索にあたらせた。

柴太一郎は後に会津藩の子弟として初めて陸軍大将となった柴五郎の長兄である。

柴五郎の手記『ある明治人の記録』は、涙なしでは読めない慟哭《どうこく》の書である。

明治維新で朝敵となった会津藩は、その罪を問われ、下北半島に流罪となったのである。

一千の会津兵、京都へ

会津藩士が見た京都は無頼《ぶらい》の徒が横行し、殺伐とした光景が随所に見られた。

至るところに浪人たちがたむろし、藩の周旋方《しゅうせんがた》という名目で、宮家に出入りし、時事を論じている。余はかくかくの脱藩者であるとか、かつて幽閉されていたものであるとか、反体制を標榜し、その裏では金品を奪い、婦女子を犯し、悪の限りを尽くしている。

そして尊王攘夷といえば正義とし、開国を説く者は俗論と決めつけ、佐幕といえば卑しいとけなした。

「これを正さねばならぬ」

松平容保は生真面目《きまじめ》だった。

この知らせに春嶽は安堵した。

悪く言えば、春嶽は純粋な会津に丸投げしたのである。

松平容保が一千の会津兵を率いて京都に向かったのは、文久二年（一八六二）十二月九日である。

途中、各地で歓迎を受け、二十四日に京都に入り、黒谷《くろだに》の金戒光明寺《こんかいこうみょうじ》に本陣を構えた。

会津藩は宮家や諸藩の探索方、あるいは商人に至るまで情報収集の輪を広げ、特に長州藩過激派の調査には総力をあげた。

会津藩が苦慮したのは、下級武士層の鬱積《うっせき》した不満だった。

尊王攘夷はただの口実で、不合理な身分制度に反発し、その不満を討幕に向け始めていた。

「ならば余がそれらのものどもと会っても構わぬ」

と容保はいい、何人かの浪士に会ったが、話がかみ合うはずはない。

会津藩主個人の善意でどうなるものでもなく、会津藩主従は東北人の素朴さと生真面目さで、なんとか江戸と京都の融和をはかろうと努力した。

この時、政治の中心は江戸ではなく、京都に移っていた。公家集団が政治の中心に登場してきたのである。

会津は尊王攘夷の渦の中に巻き込まれる。

慶喜上洛

将軍家茂の先達として、慶喜が上洛するのは、文久三年正月五日である。

慶喜は尊王ではあるが攘夷ではない。

諸外国と交易し、そこから得た富で富国強兵をはかる考えでいる。ところが都に来てみて仰天した。帝をはじめ宮廷勢力はまったくの攘夷なのだ。

時代感覚のずれに啞然とした。

後年、慶喜はこう回想した。

「誠に恐れ入ったことだが先帝（孝明天皇《こうめい》）は外国の事情は一向にご承知ない。昔からあれは禽獣《きんじゅう》だとか何とかいうようなことが、お耳に入っているから、どうもそういう者の入って来るのは嫌だとおっしゃる。せんじ詰めた話が、犬、猫と一緒にいるのは嫌だとおっしゃる。別にどうというわけではない。どうかしてああいう者は遠ざけてしまいたい、さればといって戦争も嫌だ。どうか一つ、あれを遠ざけてしまいたいとおっしゃる」

皇室の実態はこのようなものだった。

「これは容易ならざること」

慶喜は仰天してしまうのだが、元はといえば、その責任は外国人を禽獣と教えた幕府の御用学者にあった。

がんじがらめの慶喜

慶喜は東本願寺を宿舎とした。

土佐の山内容堂《やまうちようどう》も上京したので、容保も加え、春嶽含め四人で幕府よりの中川宮家を訪ね、公武一和の糸口を見出そうとしたが、長州に肩入れしている三条実美《さねとみ》や姉小路公知《あねがこうじきんとも》らは、

「速やかに攘夷の期限を決めよ」

と迫るばかりで、一向に話は進まない。

学習院で公卿たちに会った際、慶喜は、

「攘夷実行の暁には、戦となろう。余は武将なので身をもって事にあたるが、もともと貴殿がたが張本人である。戦になったとて驚動《きょうどう》するなかれ」

と啖呵《たんか》を切った。すると、皆押し黙ったが、陰に回ると、幕府は弱腰だとなじるばかりである。

「どうしてこう馬鹿ばかりそろっているのか」

慶喜は壁の厚さに唖然とした。

三月には将軍家茂の上洛が決まっている。それまでに何とかしなければならない。

慶喜は焦った。

日本は迷路にはまっていた。

慶喜のお膝元の水戸も東国の巨頭である。武田耕雲斎《こううんさい》は、その筆頭である。

何のことはない。すべからく亡き父斉昭のなせるわざなのだ。

慶喜は途方に暮れた。

とにかくいたる所、がんじがらめである。

目先の利く慶喜にとって歯がゆくて仕方がない。並の判断力があれば、軍艦を持つ外国と戦争してみたところで、勝てるはずがないことは分かりきっている。

ところが、京都の朝廷勢力は、外国人をすべからく日本から追いだせという。

日本の最高権威は天皇である。このことは国民合意の事項である。幕府と天皇の関係は、幕府が天皇から政治を委任されて執行しているという立場である。

長州藩がこれを悪用した。

薩摩や長州など従来、幕府から遠ざけられてきた西国の雄藩が、これに乗った。

剣の使い手を京都に集め、宮廷勢力と手を組み、反幕府運動を展開した。

慶喜は大いに憂い、会津藩に続いて桑名藩を京都所司代に任じ、京都に呼び寄せた。

一橋、会津、桑名の一会桑《いちかいそう》政権である。これに武闘集団、新選組《しんせんぐみ》を加え、にらみを利かせた。

将軍家茂が京都に入ったのは、文久三年三月四日である。老中板倉勝静、水野忠精以下三千人を従えた大兵団である。将軍の上洛は三代将軍家光以来二百三十年ぶりのことである。

このなかには兄慶篤《よしあつ》に率いられた水戸藩兵一千も含まれていた。

将軍は二条城に入り、三月七日に帝と対面した。将軍は孝明帝の義弟である。

「和宮は元気でおるか」

孝明帝が将軍に言葉をかけられた。

「はい、元気にお過ごしです」

家茂が答えた。

ここで慶喜が、

「万事、これまでどおりご委任の儀、ご沙汰こうむりたい」

と大政の委任を求めると、

「事柄により諸藩へご沙汰もある」

と三条実美が機先を制した。

すべて幕府に委任とあれば、政治は幕府独自の判断で進めることができる。しかし公家たちは天皇が直接、命令を下すこともあるというのだから幕府がすべてではない。

朝廷が優位に立っているのだ。

慶喜は困惑した。

よく考えれば、新選組もおかしな話ではある。本来は旗本が京都に来て警備にあたるべきなのに、郷士たちの集団に頼らざるをえない。

数はいても白刃をかざして切り込む兵がいない。いうなれば、幕府の無力をさらけだしたようなものである。

幕府の力量が落ちるばかりなのだ。

ここでぐっと踏み込めないもどかしさを慶喜は感じた。

薩摩、長州は、幕府の弱腰にしてやったりと快哉《かいさい》を叫んでいる。

「拙者は国もとへ帰る。とても政事総裁職はつとまらぬ」

春嶽は君子《くんし》危うきに近寄らず。いうなれば逃亡である。

この時期、最大の問題は将軍家茂が京都に釘付けになり、身動きがとれないことだった。

幕府は家茂を奪回すべく騎兵、砲兵、歩兵の三兵約千六百を汽船で上京させた。

文久三年（一八六三）五月下旬のことである。

これを知って公家たちは仰天し、将軍家茂の帰国を認めたので、幕府老中格・小笠原長《なが》行《みち》は、途中で上京をあきらめ、京都の武力制圧の機会を逸した。

攘夷実行

かくて長州藩は誰にはかることなく攘夷を断行する。

五月十日、下関海峡を通過しようとしたアメリカの商船に発砲、二十三日にはフランス軍艦、二十六日にはオランダ軍艦を砲撃した。六月に入るとアメリカとフランスの軍艦が反撃に転じ、砲台はすべて破壊されたが、朝廷から賞賛のご沙汰書をもらい、長州はしてやったりと砲台の修理に余念がなかった。

一方、薩摩は島津久光が江戸からの帰途の際、神奈川の生麦《なまむぎ》でイギリス商人を惨殺したいわゆる生麦事件の賠償をめぐってイギリス艦隊の砲撃を受けた。善戦はしたもののロケット弾で鹿児島の町を焼かれ、攘夷を改める気運が芽生えていた。

これが政局にどう影響するかであった。

慶喜は幕藩体制は危機に立っていることを日々、痛感した。

第四章　一会桑の時代

武備の強化

この時期、薩摩藩は異人を斬ったり、外国船に砲撃を加えたところでなになるのか、それよりも国を富ませ武備を強化し、外国と対等の力をつけるべきではないか、と考えるようになっていた。

奄美《あまみ》の黒砂糖でがっぽり稼ぎ、前藩主島津斉彬《なりあきら》は、

「私には少々の貯えもござれば、軍艦の十五隻ぐらいのところは差しつかえござらぬ」

と周囲に豪語していたほどである。

薩摩と長州が仲良くなるのは後のことで、この頃はどうということもない。

薩摩は密貿易を通して交易の重要性は認識しており、上層部は尊王攘夷を苦々しく思っていただけに、イギリスの攻撃は、もっけの幸いでもあった。

この頃、会津藩公用人秋月悌次郎の宿舎を訪ねた男がいる。

秋月の宿舎は京都鴨川《かもがわ》のほとりの三本木にあり、同じ公用人の広沢富次郎、柴太一郎らと同居していた。

賄婦《まかないふ》ぐらいはいたであろうが、邸宅とまではいえない普通の住まいである。

「御免、秋月先生にお会いしたい」

と男はいった。

一日に何人もの人が訪ねてくる。別に珍しいことではない。

「拙者、薩摩藩士、高崎佐太郎《たかさきさたろう》と申す」

といったとき、会津の人々はおやっと腰をあげた。男は秋月が江戸で机を並べた幕府の学問所、昌平黌時代の友人、重野安繹《しげのやすつぐ》の弟子であった。

用件は攘夷過激派の長州を京都から追放し、薩摩・会津同盟による公武一和をなさんという申し出であった。

夢ではないか。

秋月は思わず頬をつねったほどである。

薩摩の鮮やかな転換であった。

薩摩、会津が穏健派の公家たちを説得し、文久三年（一八六三）八月十七日深夜、会津の兵士たちがぐるりと宮門を固め、長州藩を締めだした。

宮門クーデターである。

長州藩は大砲を引き出し、御所に砲撃を加えんとしたが、孝明天皇は会津、薩摩の手中にあり、

「我ら帰国して攘夷の先鋒とならん」

と大書して萩に引き上げた。

長州派の三条実美ら七卿も都落ちした。

孝明天皇が感涙《かんるい》にむせんだのはこのときである。

「これまでの勅命は必ずしも朕の意に沿ったものではなかった。これからは真に朕のものである」

といわれ、会津藩主松平容保に御宸翰《ごしんかん》と御製《ぎょせい》の歌を賜った。

会津の忠誠が報われたのである。

慶喜はこの知らせを江戸城で聞いた。

会津が意外なことをやってくれたと驚いた。

「殿の出番が、またやってきましたぞ」

用人の平岡円四郎と原市之進がいった。

不思議なものだと慶喜は思った。

世のなかには自浄作用というか、前向きに進むなにかがある。捨てたものでもない。

慶喜は思った。

水戸天狗党挙兵

「実に困ったことになり申した」

慶喜の用人、原市之進が頭を抱えた。

元治元年（一八六四）三月である。

水戸の尊攘派の闘士、藤田小四郎《ふじたこしろう》が攘夷の先鋒たらんと総勢六十人ほどで筑波山《つくばさん》に籠り、全国に挙兵を呼び掛けたのだ。

小四郎は水戸学の大家、藤田東湖《とうこ》の第四子、水戸では別格の存在である。

「もう世は攘夷ではないのだ、それが分からんのか」

原市之進は怒ったが、止めようがない。

一行は徳川家の聖地日光に向かい、ついには四百人もの大集団を結成し、水戸天狗党《てんぐとう》を名乗り、

「先公斉昭の志を奉じて尊王攘夷の大義を実現せん」

と宣言、開国を進める幕閣を討伐し、夷狄を追い払って王室を復古せしめんと檄《げき》を飛ばした。

小四郎は、まだ二十三歳の若さである。

天下を見通す雅量《がりょう》に欠け、狭苦しい狂気だけが彼らをおおっていた。

「困ったやつらだ」

慶喜は不愉快だった。慶喜は尊王攘夷には辟易《へきえき》していた。そんなものが世界に通用するはずはないのだ。

慶喜はこの時、将軍後見職をやめて、新たに禁裏御守衛総督と摂海《せっかい》防禦指揮を任された。国政を預かる参与会議の一員である。

長州の処分と孝明天皇から突き付けられた横浜鎖港のご下問をどう取り扱うか、苦慮し

ていた時期である。

「いかが致しますか」

市之進が問い返した。

「どいつもこいつも、俺のことなど何も考えてはおらぬ」

慶喜は怒り心頭だった。慶喜は、しばらく考え込んでいたが、

「少し、泳がせておけ」

といった。

気になるのは、参与会議の面々の反応である。

本来、日本の政治は幕府が仕切ってきたのだが、松平春嶽、山内容堂、伊達宗城《だてむねなり》、島津久光らは叛旗をひるがえして参与会議を結成、あれこれ幕府の政治に注文を付け始めたのだ。

徳川家康が聞いたら眼をむいて怒ったに違いないが、幕府が弱体化してしまい、幕府に外交問題を解決する能力なしと判断され、参与会議の誕生となったのだ。

しかし慶喜は不愉快だった。

春嶽は別にしても他の顔触れは一体なんだ。

彼らは幕府をあれこれ批判し、幕府に代わって参与会議などを作った。本来、政治は幕府が中心なのだ。こちらにも問題はあるが、自分たちが主人公だと大きな顔をされるのも、

不愉快な話だ。

奴らのどこに、いい知恵があるというのか。何もないだろう。一体、あいつらは、いつから幕府と対等になったのだ。

王様は俺なのだ。

慶喜は大いに腹をたてた。参与会議などぶっつぶしてしまえと、慶喜は突然、横浜鎖港を主張した。

「なにせ水戸は尊王攘夷でござれば」

慶喜は天狗党をうまく使って、尊王攘夷に変身した。

慶喜の政治はころころ変わる。

いとも簡単に豹変《ひょうへん》する。

皆が驚くのを楽しんでいる風があった。

「何を血迷われたか。われらは、徳川のために鎖港などできぬといい張ってきた」

春嶽は呆れ顔で慶喜を見つめた。

「国元の事情もあってな」

慶喜は小四郎のせいにした。

「勝手になさらっしゃい」

と皆、参与を辞して国もとへ帰った。

「これでよい。容保、そちと余がおれば、都のことなど何も心配はいらぬ」

慶喜は京都守護職松平容保の肩を叩いた。

気がかりなのは容保の体調であった。このところ体調を崩し、げっそりやつれている。

重臣から何度も守護職辞任の申し出がきていた。

会津に去られると一番困るのは慶喜自身である。

平岡円四郎暗殺

水戸は難しいところである。

尊王攘夷派が以前から、主流を占め、慶喜は彼らからは変節者と見られていた。

元治元年（一八六四）の六月、

「慶喜が開国に浮かれているのは、お前のせいだ」

と、平岡円四郎は慶喜の身代わりとなって水戸の攘夷派に斬殺されてしまった。

全幅の信頼を置いた平岡が暗殺され、この時ばかりは慶喜も怒り心頭、水戸の尊攘派の一掃を密かに決意する。

慶喜は孤立していた。

情けない話だが、身の危険にさらされていた。慶喜にとって幸いだったのは、容保に子供がいなかったことで、会津藩家老の横山主悦を呼んで慶喜の弟の余《よ》八麿《はちまろ》を養子に出すことで皆をまとめた。

会津は薩長に並ぶ武闘集団である。実弟が会津藩の後継者となれば、慶喜にとっては鬼に金棒だった。

会津にとっても悪い話ではない。これで帰国の話も消えた。慶喜は容保の律儀な顔を見つめながら安堵した。

会津藩への養子のことだが、最終的には余八麿ではなく余九麿《よくまろ》になる。

さて水戸天狗党はその後、八百人と隊員を増やし都を目指すが、これは困る。

慶喜は眉をひそめ、討伐を命じることになる。

痛しかゆし。水戸はなんとも困った集団だった。

禁門の変

長州は処分の前に自ら転ぶ。

都は新選組が目を光らすようになっている。何せ毎日のようにテロがある。

幕府寄りというと、刺客が現れ、斬り殺される。

目には目を、歯には歯をである。

新選組は長州の動きを徹底的に調べあげ、御所に火を放ち、その混乱に乗じて天皇を拉致するというとんでもない陰謀をつかんだ。

政府要人の暗殺リストも手に入った。

松平容保も殺害のリストを入手していた。

水戸も水戸なら長州も長州だ。

この二つの藩が日本国を大動乱に陥れている。慶喜は水戸藩の馬鹿さ加減にあきれた。

新選組に情報が漏れたのを知った尊攘派の志士たちが、三条通河原町の旅館池田屋に集合し、対策を練った。新選組はそれも探知し、池田屋を急襲した。

切り結んだら新選組にはかなわない。

長州、肥後、土佐などの藩士たちが多数惨殺され、これを期に、本格的な武力衝突となった。

世にいう禁門《きんもん》の変である。

長州藩は続々兵を上らせ、元治元年（一八六四）七月十九日、京都市中で会津と長州の戦闘がはじまった。

「長州は天敵なり」

禁裏御守衛総督の慶喜は、会津藩、薩摩藩、それに京都所司代として戦列に加わった桑名藩を率い、陣頭にたって指揮をとった。

会津藩の記録『京都守護職始末』に戦いの模様が記されている。

「この日、長州兵が打ち出す砲撃は猛烈を極め、殿上人はこぞって震え上がった」

とある。

双方に多くの死者を出す激しい戦闘となった。

孝明天皇の驚きは尋常ではなかった。

悲鳴を上げて逃げ惑った。

一会桑の権力構造

この日、慶喜は紫の腹巻の上に白羅紗《しろらしゃ》に黒の陣羽織をはおり、熊毛の尻鞘をつけた金装の太刀をつけ、立烏帽子《たてえぼし》に紫の鉢巻を締め、建春門に仁王立ちになって、

「かかれ、かかれ」

と兵を鼓舞した。

この日の戦闘でも危うい場面があった。

火が燃え盛る二十日の夜、御所の常御殿の内庭に三百人もの異様な人影があった。天皇を拉致せんとする長州側の隠密集団である。その数約三百人。麻の袴をつけ、覆面した男もいた。

気づいた幕府兵がいち早く慶喜に知らせ、驚いた慶喜が飛んで行き、

「お前は何者か、さっさと消えうせろっ」

と一喝すると、すごすごと退散した。

孝明天皇と祐宮《さちのみや》を拉致しようとしたに違いない。実に危ないところだった。女官たちは恐怖のあまり声を放って泣き崩れ、祐宮は引きつけを起こして倒れた。

祐宮は後の明治天皇である。

驚いた会津兵が異様な人影を追ったが、闇の中に消えた。後にも先に慶喜が戦ったのはこれだけなので、清水の舞台から飛び降りる心境であったろう。

錦旗が慶喜の方に高々とあがっている。

慶喜は得意の絶頂だった。

慶喜は禁裏御守衛総督、容保は京都守護職、定敬《さだあき》は京都所司代である。しかも容保と定敬は実の兄弟である。どこから見ても長州に負けるはずはなかった。

京都は孝明天皇を中心に、慶喜、容保、定敬の権力構造が生まれた。

世にいう一会桑《いちかいそう》である。

一は一橋慶喜、会は会津藩主松平容保、桑は桑名藩主松平定敬である。

これに薩摩の西郷隆盛が加わるという絶対の布陣である。慶喜は天晴、天下を制した。

あとは御所に発砲した長州の息の根を止め、孝明天皇に世界の動きを理解してもらうことだ。そして公武一体のもと、世界と交易を深め富国強兵を実現すべく挙国一致体制を作ることだ。

慶喜はこれまで体験したことのない充実感に浸った。

人々は天皇のことを玉《ぎょく》と呼んだ。

天皇を取り込めば、たちまち正義の志士となるという隠語である。

一時期、会津と慶喜の間にしっくり行かないところがあった。

会津に代わって越前の松平春嶽が京都守護職に就いた時期である。

慶喜は長州とことを構えず穏便にはかりたいと考え、長州がもっとも嫌っている会津を軍事総裁職にまわし、春嶽に京都守護職を依頼した。

会津藩はこの人事に猛反発し、孝明天皇も、

「朕は会津を望む」

と復帰を求め、会津は再び京都守護職に返り咲いた。

会津は命ぜられたことは命を懸けて守る。決して駆け引きはしない。会津藩を貫くのは武士道の精神だった。

慶喜は時の情勢によって、たやすく変節したが、会津武士は不動だった。

禁門の変も会津だから勝てたのだ。慶喜は、改めて会津の精忠と武力を思い知り、

「余もそちをもっとも頼りにいたす」

と容保をたたえた。

本来、旗本を中核とする徳川の武士団が上京し、慶喜を支えるべきなのに、その姿も団結心もなく、徳川幕藩体制は刻一刻、肝心なところが、崩壊を始めていた。

幕府の親衛隊は存在せず、会津藩が代行していたのである。

会津は朝敵長州を一気に屠《ほふ》るべきだと、強硬に主張した。かくして、この年、元治元年八月、長州征伐が始まった。

幕府は春嶽に征長軍総督に就くよう要請したが、春嶽は断った。君子危うきに近寄らず
「ここは会津であろう」

と春嶽は逃げた。

代わって容保の兄、尾張藩主徳川慶勝《よしかつ》が総督を引き受け、中国、四国、九州の二十一藩に出兵を命じた。

米、英、仏、蘭の連合艦隊が下関を攻撃したこともあって、長州は戦わずして恭順した。これで一件、落着と思いきや、長州はふたたび首をもたげる。高杉晋作《たかすぎしんさく》、桂小五郎《かつらこごろう》、伊藤俊輔《しゅんすけ》らが台頭し、尊王攘夷を否定し、討幕による統一国家の形成に向かって動きだした。長州は薩賊会奸《さつぞくかいかん》と呼んで、敵視していた薩摩藩と接近をはかり、富国強兵策を打ち出したのである。

やがて高杉晋作が挙兵し、薩長同盟へと発展して行く。行き着く所は戦争への道であった。

天狗党処刑

水戸天狗党が大暴れしていることは前に見たが、この年十一月下旬になると、京都にも天狗党西上の噂が流れた。

幕府は反幕府的行動として迎撃態勢を固め、慶喜もいたずらに尊王攘夷を煽ることに異論を唱え、十二月三日、慶喜は自ら加賀、会津、小田原、福岡などの兵二千四百を率いて大津に向かった。

このなかには実弟の余八麿、のちの昭武もいた。

本圀寺《ほんこくじ》勢は慶喜の親衛隊である。しかし、この親衛隊も水戸学の信奉者であり、いつ天狗党に寝返るか分かったものではない。

慶喜はいつも身内に爆弾を抱えていた。

水戸人は信じがたいほど単純だった。慶喜は天狗党の理解者と固く信じており、慶喜なら悪いようには扱うまいという甘えもある。

薩摩が慶喜を窮地に陥れるべく天狗党に同情の姿勢を示し、西上する天狗党を打たぬよう触れまわっていた。

「それは薩摩の陰謀だ。余は天狗党を決して擁護せず。そのことを周知徹底させよ」

慶喜は腹心の原市之進に命じた。

原は加賀藩の領内に迫った天狗党に、

「降伏せぬ場合は総攻撃をかける」

と厳しい態度で臨んだ。

原市之進は天狗党の一行を拘束し、全員を土蔵の中に閉じ込めた。

食事は一日に握り飯二個、足に枷《かせ》をはめられ、大小便は土蔵の真ん中においた桶ですませるというひどい扱いだった。

この強硬姿勢が功奏し、天狗党は降伏した。八百二十人という大量の数だった。

慶喜は天狗党を幕府に引き渡した。処理に当たったのは幕府若年寄田沼意尊《たぬまおきたか》で、田沼は天狗党に厳罰で臨んだ。

悲惨を極めたのは武田耕雲斎の家族である。妻ときと二人の子供、三人の孫は首を切られ、四女よし子と長男の妻で藤田東湖の妹幾子は永牢となり、足が萎縮し障害者になった。幾子は病死、耕雲斎の妾梅子も牢死している。

仕置場の上空には鳶や烏が舞い、鳴き声を放ったという。

「慶喜は水戸の出だ。武田耕雲斎らは慶喜の父斉昭の信奉者ではないか。死者をむち打つような真似をすべきではない。慶喜のやり方は冷酷無残だ。徳川家の命運も尽き果てようとしている」

加賀藩士はこのような印象を持ち、庶民感情からすると、慶喜の人間性に疑義を抱かせる結果となり、負の遺産として残った。

「慶喜という男、意外に狭量だ」

と春嶽も側近に漏らし、どこかで距離を置く姿勢を示した。

慶喜にとって水戸の狂気は、手足にまとわりつく妬《ねた》ましい血であったが、それにしても慶喜のやり方は異常だった。

この時の慶喜の肩書は禁裏御守衛総督、摂海防禦指揮である。これは幕府が任命したポストではなく、朝廷からのものである。

この結果、誠に奇妙なことになった。慶喜は幕府を離れ、朝廷側の人間になったのである。

勝海舟の毒舌

慶喜は前年の夏ごろから頻繁に、勝海舟《かつかいしゅう》と会っている。勝は奇想天外で面白い。幕閣とはそりが合わず、ころころと役職が変わる。そのせいか開き直ったところがあり、相手が慶喜だろうが、容保だろうが、ずばりずばりと切り込んでくる。

これまでにはなかったタイプの男である。慶喜に向かっても、ぼんぼんと幕府を批判する。

なにせ幕府軍艦咸臨丸《かんりんまる》に乗って太平洋を横断している。海軍のことになると、勝の独壇場である。

この時は船酔いで寝ていたという噂もあるが、ともあれ希有な体験の持ち主である。

慶喜も海軍には興味を抱いている。

「いま日本の急務は幕府、薩長を問わず人才を募り、門地を破り、海軍を興起することでござんす」

といい、神戸に海軍操練所を設置すべしと熱っぽく語り、また長州には寛典で臨めと主張した。

薩摩の西郷のことも、

「たいした男です」

とやたら褒め、

「幕府はどうにもならぬので列藩連合による共和政治を目指すべきですな」

と強くいった。

会津に対してもひどく批判的で、

「考え方が矮小《わいしょう》で、いずれ天下の大害を生じましょう」

とまでいった。慶喜はむっとして、

「それはいい過ぎであろう」

とたしなめたが、決していい訳はせず、前言をひるがえすこともない。

従来では考えられない男である。

当然のことながら幕閣からの評判はすこぶる悪く、老中首座・板倉勝静や老中・小笠原長行《ながみち》は徹底的に勝をけなした。

もののいい方が横柄《おうへい》で不真面目《ふまじめ》だというのだ。御前会議で幕府の軍制改革について問われたとき、勝は、

「いまの幕府には海軍をつくる能力なし」

と幕府案をこき下ろし、

「五百年後であれば、できるかもしれぬ」

と、しゃあしゃあとまくし立てた。

「あの野郎、何様だと思ってやがるんだ」

と幕閣たちは怒った。

かくして勝は、軍艦奉行を首になり、以後、江戸で閑居《かんきょ》の身になった。しかし薩長の内部にも深く食い込み、特に西郷と仲のよい勝である。

「幕府も人材は多い」

さすがの慶喜も勝の煙《けむ》にまかれ、ただただ勝の毒舌を聞くだけだった。

勝は理知的な慶喜に好印象をもったようで、二人は付き合いを始める。勝を抜きにして慶喜を語ることができない、深い関係になるなどこの時、二人は知る由もなかった。

以後、慶喜は勝を側近に採用、勝と一緒になって幕府批判をはじめ、慶喜の存在は江戸の幕閣にとっては目の上のたん瘤となった。

薩長同盟

慶応元年（一八六五）九月、英、仏、米、蘭の軍艦九隻が兵庫沖に停泊した。兵庫開港の勅許を出し渋っている孝明天皇に圧力をかけたのだ。目の前に軍艦が現れては、孝明天皇もいかんともしがたい。

日本はいつの時代も外圧に弱い。

これで尊王攘夷も一件落着かと思われたが、とんでもない。

慶応二年正月、長州は薩摩と同盟を結び、イギリスがこれを支援し、幕府・フランスと対立するまったく新たな事態となった。

この事態に将軍家茂は、長州藩主毛利敬親《たかちか》親子の蟄居、十万石の削減を求めて打開をはかろうとしたが、長州側がこれを拒否、六月七日、幕府の軍艦が周防国《すおうのくに》大島郡の海岸に砲撃を浴びせ開戦した。

老中小笠原長行が小倉に布陣、下関から長州に入ろうとしたが、奇兵隊の反撃に遭って敗れ、小倉城が落ちた。

現地を見た新選組の近藤勇《こんどういさみ》は「幕府勢の士気はあがらず、土産物などを買って、帰ることばかり考えている」と報告を寄せ、老中本荘宗秀《ほんじょうむねひで》は、次の手紙を送ってきた。

「ご軍勢は米、金に不自由し、兵勢甚だもって振るわず。銃砲も官軍はゲベル銃甚だ少なく、火縄付きの和筒のみ。長州は農人に至るまでゲベル銃を持ち、必取の英気鋭く、薩摩も長州へ心を寄せ、英夷も長州へ応援致し候様子」

幕府兵の装備が極めて古くなっていたのである。

七月に入って将軍家茂重病の知らせが入った。胸痛を覚えられ、喉も痛く、脚気にも冒され、医師団の必死の看護も空しく、一向に回復の兆しがなく、日に日に容体は悪くなった。

慶喜ははかばかしくない戦況の分析に追われ、見舞いに行けずにいたが、十七日に大坂に下り、やっと将軍を見舞うことが出来た。

「来てくれたか」

将軍は床より起き上がって慶喜を迎え、思ったよりも元気だった。

「戦況も徐々によくなっており、ご案じめさるな」

と元気づけると、ニッコリほほ笑まれたが、それから三日後に亡くなった。

年わずかに二十一歳。遺言によって慶喜が相続人となり、事後策を練り、当分喪を秘めることにしたが、世間の口を封ずることは難しい。

まことしやかに毒殺説が流れ、公家の日記には、

「徳川家沈淪《ちんりん》、天下末世《まっせ》、恐るべきや」

とあり、長州の『奇兵隊日記』七月三十日の項に「将軍死去」の記事が出てくる。

このような大事を隠せるはずはない。あっという間に世間に広がったことになる。

弱り目にたたり目であった。

幕府は重大な危機に直面した。

次期将軍は誰か。

人々の関心はその一点に集中した。いずれ自分に将軍のポストは回ってこよう。それは火を見るより明らかだったが、ここはじっくり見極める必要がある。

慶喜は沈黙を守った。

この混乱の日本のかじ取りは、正直いって至難の業《わざ》である。とても自信がもてない。そういう気持ちであった。がしかし、最終的には自分にお鉢が回ってくる。覚悟を決める必要もあった。

日本は未曽有《みぞう》の混乱状態にある。未来を読みきれる人はいない。そこに自分は立ち向かって行かねばならないのか。

慶喜は将軍職受諾の前提として長州との休戦を考えた。

元来、慶喜は対長州の強硬論者である。

自ら長州征伐に乗り込む姿勢を示し、

「余は千騎が一騎となっても、山口城まで攻め入って勝敗を決する所存である。余と同じ決心をもつ者はついて参れ」

と大見得をきったが、出陣の前に幕府の根拠地小倉城が落ち、指揮官の老中小笠原長行が逃亡したとの知らせを受けて断念せざるをえなかった。

春嶽は長州攻めに反対で、

「もともと当てにならぬ話」

と酷評したが、いったん負けたとなると、変わり身は早い。薩長に強い勝海舟を呼び出して、早速、停戦交渉にあたらせた。

将軍職を受けるにあたって、まずは長州との争いにけりをつける必要があった。

勿論、当面の間だけで、休戦期間をフルに使って軍備の抜本的な改革をする腹づもりであった。

慶喜は、フランスとの間で、蚕の輸出を交換条件に横須賀製鉄所の建設を進め、シャノワンヌ大尉を軍事顧問団に招き、軍制改革を急いだ。

老中の月番制を廃止し、陸軍総裁・海軍総裁などを設置した。また実弟・昭武をパリ万国博覧会に派遣し、幕臣子弟の欧州留学も奨励した。

ナポレオン三世から贈られたアラブ馬に乗った徳川慶喜。乗馬服も贈られていた。本来は家茂が着用するはずだったが、馬が到着する前に家茂はすでに夭逝《ようせつ》していた。

第五章　第十五代将軍徳川慶喜

国際感覚

慶喜ほど多くの写真を残している人物はいない。多分に自分の風貌に自信をもっていたせいではなかろうか。

慶喜の写真を見ようと思ったら松戸市の戸定《とじょう》歴史館に行くのがよい。六歳のときの書、七歳の肖像、禁裏御守衛総督時代の肖像、将軍時代の数点の肖像、晩年のいくつかの肖像がある。

圧巻は将軍時代であろう。

馬に乗ったフランス式軍装の姿は、慶喜の人柄を彷彿《ほうふつ》とさせるものである。

当時、これほど洋服の似合う人は極めて少なかったであろう。どの顔もきりりとして聡明である。もっともニコリと笑ったものが一枚もないのは、写真機の前でじっと座っていなければならなかったせいだろう。ともあれ誰もが惚れ惚れと慶喜を見つめ、家康の再来と称えたのも、むべなるかなであった。

ただし朝廷サイドからは極めて不評で、洋服を着るのは「天下の大罪人」とこき下ろされたが、そんなことを気にする慶喜ではない。

洋風好みは年を追って高まる一方で、身内まわりの小道具から食事まで洋風を好んだ。側室を選ぶのも写真で決めたほどで、時代の変化にいち早く対応した人物だった。

愛読者カード

ご購読ありがとうございました。今後の参考とさせていただきますので、ご協力をお願いいたします。また、新刊案内等をお送りさせていただくことがあります。

【1】本のタイトルをお書きください。

【2】この本を何でお知りになりましたか。

1.書店で実物を見て　2.新聞広告（　　　　新聞）
3.書評で（　　　）　4.図書館・図書室で　5.人にすすめられて
6.インターネット　7.その他（　　　）

【3】お買い求めになった理由をお聞かせください。

1.タイトルにひかれて　2.テーマやジャンルに興味があるので
3.著者が好きだから　4.カバーデザインがよかったから
5.その他（　　　）

【4】お買い求めの店名を教えてください。

【5】本書についてのご意見、ご感想をお聞かせください。

●ご記入のご感想を、広告等、本のPRに使わせていただいてもよろしいですか。
□に✓をご記入ください。　□ 実名で可　□ 匿名で可　□ 不可

郵 便 は が き

切手をお貼りください。

102-0071

東京都千代田区富士見一―二―十一
KAWADAフラッツ一階

さくら舎 行

住 所	〒 都道府県		
フリガナ		年齢	歳
氏 名			
		性別	男 女
TEL	( )		
E-Mail			

さくら舎ウェブサイト www.sakurasha.com

だから外国人の受けもよく外交官の記述にも鮮やかに登場した。英国の外交官、アーネスト・サトウは、

「私がこれまでみた日本人のなかでもっとも貴族的な容貌を備えた一人で、色が白く、前額が秀で、くっきりした鼻つきの立派な紳士であった」

と書いていた。

将軍は自分をおいてほかに、誰もいない。慶喜自身、そう思っていたに違いなかった。それでいて慶喜は将軍をなかなか受諾しなかった。そして将軍を受けるにあたって、様々な注文を付けた。

まず官僚たちをぐるりと見渡し、政策立案ができる官僚を採用した。中心は外国方である。国際的感覚がなければ、通用しない。慶喜は国際感覚に富む官僚を多く活用した。

筆頭は小栗上野介忠順である。訪米の経験があり、財政面でも知識をもっていた。小栗に与えた職務は勘定奉行であった。

小栗の先祖は根っからの旗本だった。先祖の小栗忠政は少年の頃から家康のそばに仕え、元亀元年（一五七〇）姉川の合戦の時、家康の本陣に攻め込んだ敵を槍で討ち取り、見事、家康の危機を救った武勇の士であった。

以来、あらゆる戦いで一番槍を達成し、「おう、またも一番、またも一番」

と評判になり、家康から又一《またいち》の名を贈られた。上野介も幼名は又一であった。小栗の親友である栗本鋤雲《くりもとじょうん》も採用された。彼はフランス語を解し、フランス公使との交渉はもっぱら栗本が担当することになった。

若き日々、幕府外国方を務め、文久二年（一八六二）と慶応元年（一八六五）に福沢諭吉《ふくざわゆきち》らとヨーロッパを回り、世界事情に精通した福地源一郎《ふくちげんいちろう》も、慶喜の側近の一人になった。明治以降、福地は桜痴《おうち》を名乗り、東京日々新聞で活躍、小説や歴史ものを含めて幅広く書きまくることになる。

こうした人々が慶喜を補佐したが、薩摩や長州が台頭、その勢いに幕臣は追いまくられることになる。

フランス式改造

幕府に反旗を翻し、京都でテロ行動を繰り広げる薩摩や長州に睨みをきかせるため、慶喜は強力な武力を誇る親藩の会津を京都に派遣した。

会津は新選組を配下に取り締まりを強化したが、長州の反幕府運動は激化する一方だった。

救いは孝明天皇だった。

天皇は過激派の浪士を嫌い、会津に長州を討てと命じたが、慶喜は幕府の近代化を急いだ。

フランス公使ド・ベルクールや通訳のメルメ・ド・カションから軍事面での全面支援の話があり、仏国との窓口である栗本鋤雲とも会い、フランスとの提携の道を探ってきた。

フランス公使との交渉はすべて栗本に一任、終始単独で、交渉にあたらせた。

フランスの関係者に洋酒を贈るなど気配りにも優れていた。おそらく高級なワインであったろう。

小栗や栗本が目指したものは、フランスと提携し、徳川絶対主義ともいうべき幕府を中心とした近代国家への転換であった。

元治元年（一八六四）、フランス公使はロッシュに代わったが、ロッシュはド・ベルクール以上の親幕府派で、小栗らはフランスの経済使節クーレとの間で総額六百万ドルの借款契約を結び、製鉄所の建設、陸海軍の抜本的な整備に着手した。

商社の設置、中央銀行の開設なども検討され、封建制度を廃止し、世界に開かれた日本を目指す一大プロジェクトを推進させた。

これに対し老中たちは猛反対、小栗は何度も罷免《ひめん》されたが、その都度、慶喜がかばい、小栗は陸軍奉行、海軍奉行、勘定奉行を繰り返し務めたが、身内の抵抗は強まるばかりで、前途は厳しかった。

「かまわぬ、後退はならぬ」

その都度、慶喜は老中たちを押しのけた。

改革の基本は、軍制の一新である。

まず江戸の防衛を担当する歩兵、砲兵、騎兵の常備軍の創設である。

幕府が直接給与を支給する直属の軍隊で、歩兵の場合は二十人ないし三十人ほどの小隊を基礎に八十人ほどの中隊、四百人ほどの大隊、さらに二大隊からなる連隊を編成、全員に最新式のライフル銃を持たせる日本最強の軍隊だった。

訓練はフランス軍が担当、同国軍事顧問団がこの暮れにマルセイユを出発、翌年の慶応元年二月には横浜に着く予定になっていた。

団員はシャノワンヌ大尉を団長に歩兵、砲兵、騎兵、工兵の専門家十九人である。

「これで長州を粉砕いたす」

小栗は自信満々だった。

「海軍はいかがあいなるか」

慶喜が問うと、これについても明快に論じた。

「海軍は英国の指導を仰ぐ所存。本来は米国にすべてを依頼する考えでござったが、かの国の内乱で計画が狂い、英国を見本と致しとうござる。来年には英国海軍からトレイシイ中佐ら十七人が来日することになっており、幕府艦隊の誕生もそう遠くないかと存じます」

「そうか。オランダには榎本らが参っておったな」

「はい。来年には帰国いたします」

「うむ。すべて余が陣頭指揮をとって推進いたす」

慶喜は自分を日本国皇帝と位置づけた。

これが軌道に乗れば、これまでのような無様な暮府ではない。東洋に冠たる日本である。

薩長に脅かされる幕府ではない。列強におびえ植民地化の不安にあえぐ日本ではない。

「すべての作業を早めよ」

慶喜は小栗を催促した。

長州の反撃

反幕府の旗頭、長州藩はこの時期、二人の青年が留学先の英国から帰り、薩長同盟の立て役者となって幕府の前に立ちはだかろうとしていた。

井上馨《かおる》と伊藤博文《ひろぶみ》である。

二人は文久三年（一八六三）に密かにイギリスに渡り、海軍を学んでいた。彼らの世話をしたのは、東洋における英国最大の商社、ジャーディン・マセソン商会であった。

商社と国家は表裏一体の関係にあった。

薩長がイギリス寄り、幕府はフランス寄りの構図となるのは決して望ましいことではない。

慶喜の母体、一橋家の原市之進は、関白二条家に働きかけ、慶喜を主宰者とする列藩会議を朝命で招集させ、

「決議の趣は慶喜をもって奏聞あるべし」

の一句をつけ加えさせた。

慶喜を将軍に据えなければならないと、一橋の家臣たちは燃えた。

これに薩摩が猛反発したが、孝明天皇は薩摩の横やりに激怒、薩摩派の公家を処罰し、慶喜を助けた。

慶応二年（一八六六）十二月、朝廷から慶喜に将軍の命が下り、晴れて第十五代将軍徳川慶喜が誕生した。しかし、その直後、思いもかけぬ事態が起こった。

「殿っ、帝《みかど》の病状が急変いたしました」

原が息せききって慶喜に急報した。

孝明天皇は十日ごろから風邪を引かれ、ふせっておられたが、十六日に至って痘瘡《とうそう》とわかった。

経過は順調だった。慶喜は二十日に参内し、お見舞いをしたが、かさぶたができ、二十七日には全快を祝う儀式を行うということで、安心して二条城に戻った。

ところが二十四日夜から容体が急変、激しい嘔吐《おうと》と下痢を繰り返し、重体となった。二

十五日には顔に紫の斑点が現れ、同日夜、苦しみもだえながら崩御《ほうぎょ》された。

慶喜は啞然呆然、言葉を失った。

没後、ただちに毒殺説が流れた。戦後、この研究が進み、典医の伊良子《いらこ》光順《みつおさ》の日記が公開され、帝の死は痘瘡ではなく、砒《ひ》素《そ》の毒物、石見《いわみ》銀山だったという推論がでた。

天皇は間違いなく毒殺されたのである。

下手人は誰か

犯人は孝明天皇・慶喜ラインに反対する政治勢力であることは明らかだった。会津藩が犯人を追い、薩摩の西郷と公家の岩倉具視《いわくらともみ》の名前が浮かんだが、決定的な証拠はなく、孝明天皇の死は歴史の闇に消えた。幕府、会津は窮地《きゅうち》に陥った。

天皇を後盾として幕政改革に当たろうとした慶喜の打撃は大きく、慶喜を補佐する会津藩主松平容保は衝撃のあまり守護職の辞任、帰国を申し出る事態になった。

これは周囲がとどめ、会津藩は京都にとどまったが、のちに『徳川慶喜公伝』は、

「孝明天皇は幕府に対し、常に深厚な同情を賜わりしかば、幕府を討伐せんとするごときは、許したまわざる所ならん」

とし、孝明帝が存命であれば鳥羽伏見の戦いも起こらず、平和裏に王政復古がなるはずだったと強調した。

慶喜の前途暗しを思わせる孝明帝の崩御だった。当時の京都は百鬼夜行《ひゃっきやこう》、革命前夜の様相を呈した。

不退転の決意

慶喜は逃げの男と陰口を叩かれ、信用がガタ落ちだったが、ここは逃げなかった。

慶応三年（一八六七）慶喜は熱海で静養中のロッシュのもとに外国奉行を派遣し、政治改革の方策を聞かせた。ロッシュが進言したのは、まず封建体制の廃止だった。

薩長など外様《とざま》の大名は勢力を大幅に削減し、譜代大名の家来のうちから有能な者を将軍の親兵にとり立てる。旗本も同様で、将兵に不適の者は帰農させるという抜本的な転換だった。

朝廷との関係は、天皇は国の象徴とし、政治はあくまで幕府が行うとし、官僚機構の確立をあげた。

官僚機構は外務、内務、陸軍、海軍、財政農商土木、司法教育宗教の六部門の省庁をつくり、そこに大臣を置き、首相を中心とする内閣制をとるようロッシュは提言した。

問題は財政である。

ロッシュは年貢米を基礎に繊維織物業、鉱山開発、製鉄など産業を興すとした。慶喜はこの提言に基づき閣僚も任命した。

老中格稲葉正邦《いなばまさくに》を国内事務総裁に任命、老中松平康直《やすなお》を会計総裁に任命し、赤字は当面、外国からの借款で返済、貿易を盛んにし国を富ますことを考えた。

人事は縷々《るる》曲折はあったが、最終的に陸軍総裁には、老中格松平乗謨《のりかた》を、同じく老中小笠原長行を外国事務総裁に抜擢、海軍総裁は稲葉正巳《いなばまさみ》、首相は老中首座の板倉勝静をあてた。

大蔵大臣にあたる勘定奉行は小栗を再任した。陸軍奉行、海軍奉行、外国奉行、会計奉行など実務官僚は若手の旗本を据え、内政の大改革に踏み切った。

慶喜が次々に打ち出す施策を見て倒幕派の衝撃は大きかった。

「慶喜の動作をみるに、果断、勇決、志小ならず。軽視すべからざる強敵なり」

と岩倉具視はいい、土佐の坂本龍馬《さかもとりょうま》も、

「将軍は決して油断ならず」

と警戒感をあらわにし、長州の木戸孝允《きどたかよし》は、

「実に家康の再生をみるがごとし」

と焦りを深めた。

ここにきて薩摩の西郷隆盛と大久保利通《おおくぼとしみち》は、幕府の軍制改革がなる前に一気に戦争を仕掛け、慶喜を叩くしかないと考えるようになった。先制攻撃である。

しかし対幕府戦に即刻入るには問題が多く、下手をすると全国規模の内乱になる。とり

あえず会津藩との間で戦争を始め徐々に拡大する案が検討された。

幕府、薩長との虚々実々の駆け引きの始まりである。

慶喜は実弟徳川昭武《あきたけ》のフランス派遣を第二弾として放った。

昭武はこのとき、十五歳、フランス皇帝ナポレオン三世の皇太子が十歳ということもあって会津藩に養子に行くことになっていた昭武を急遽、御三卿の清水家へ送り込み、おりから開かれるパリの万国博覧会に慶喜の名代として派遣、その後、三年から五年、パリに留学させるという長期計画を立てた。

水戸藩から七人、会津藩から二人を同行の団員にくわえた。水戸藩は相変わらず尊王攘夷に凝り固まっており、慶喜はヨーロッパを体験させることで水戸藩士の改造をはかろうとした。

会津藩も同様だった。

慶喜は日本国皇帝を目指し、着々、手を打った。

慶喜が目標とした人物はフランス皇帝、ナポレオン・ボナパルトであった。

コルシカ島

ナポレオン・ボナパルトは一七六九年、コルシカ島に生まれた。

先祖は中部イタリアの古い貴族で、傭兵隊長としてコルシカ島に渡り土着した家系だった。新貴族としての特権を得て、フランス本国への足がかりを得た父はナポレオンと兄・ジョゼフを教育を受けさせるためにフランス本国に送った。

ナポレオンははじめ修道院付属学校に入学したが、その後、貴族の子弟が学ぶブリエンヌ陸軍幼年学校へ入学し、さらに陸軍士官学校に進み、優秀な成績で卒業、砲兵士官として任官。

やがて陸軍を統率、フランス革命後の混乱を収拾し、軍事独裁政権を樹立した人物である。大陸軍と名づけた巨大な軍隊を築き上げて、王政の復活を願う王党派と戦い、幾多の勝利と婚姻政策で、ヨーロッパ大陸の大半を勢力下に置いたが、最後はヨーロッパ全体を敵に回し、対仏大同盟との戦いに敗れて、流刑地のイギリス領セントヘレナ島で没した歴史上の大人物である。

慶喜はナポレオンをモデルに、自分を描いた。

ナポレオン・ボナパルトの甥にあたる、ナポレオン三世から贈られた軍服に身を包んだ慶喜は日々、己の姿を鏡に映し、自己陶酔《じことうすい》に浸った。

フランス語の学習も始め、ヨーロッパ留学から帰った幕臣の西周《にしあまね》に、フランス語を学ぶ熱の入れようだった。

有能な家臣の抜擢も行った。

このなかには明治財界の大立者となる若き日の渋沢栄一もいた。渋沢は武蔵国榛沢郡血洗島村（現在の埼玉県深谷市）生まれの農民の出だが、京都で放浪生活の後、一橋家の用人となり、慶喜に仕えた。

率直で大胆な意見を述べる渋沢に慶喜が目をかけ、抜擢したのである。慶喜の先見性がずばり当たり、渋沢は明治に大実業家に昇進する。

慶喜には他の高官にはない柔軟な思考があり、国際派の人物を育成するために、積極的に幕臣を海外に派遣した。

パリ万国博覧会

慶応三年にはパリ万国博覧会に実弟を団長とする使節団を送った。正月十一日、フランス郵船アルフェー号で横浜を出帆、二月二十九日にマルセイユに到着、七日にパリに入っている。

昭武は華やかに宮廷外交を繰り広げ、万国博覧会では、時ならぬ日本ブームを巻き起こし、出展した絹織物、漆器、工芸品、和紙は第一等のグランプリに輝き、慶喜の目論見《もくろみ》は大成功をおさめたかにみえた。しかし、意外な伏兵が出現した。

なんと薩摩が薩摩大守・琉球国王の名で出展していたのである。

しかもフランスの新聞に「徳川幕府は日本の統一支配者ではない。日本にはもう一つ、薩摩大守がいる」と書き立て、昭武の一行は頭から水をかけられる事件が起こっていたのである。

日本の政争はついに国際社会をも巻き込む重大な事態になり始めていた。

薩摩こそが幕府に立ちはだかる最大の強敵であった。

各国外交団との引見

パリの事件が慶喜の耳に届くのは、少し後になるが、慶喜はこの時期、矢継ぎ早に外交戦を展開する。将軍を誇示した四国代表の引見《いんけん》である。

慶喜は自分が日本を代表する将軍であることを誇示するため慶応三年三月二十八日と四月一日の二日に分け、大坂城で各国外交団との引見を行う作戦にでた。

将軍こそは日本の君主であるとアピールしようとしたのである。

これには伏線があった。

英国公使ハリー・パークスは薩長と深く交流し、

「日本を進歩させるためには諸藩の連合政府をつくるべきだ」

と主張、天皇こそが日本の君主だとの考えを持ち始めていたからである。

「英国は薩長に毒されている」

慶喜はハリー・パークスと直接話しあうことで、誤った考えを取り除こうとしたのである。

慶喜は三月二十八日、イギリス、フランス、オランダの外交団と引見した。アメリカが四月一日であった。

慶喜が最大の配慮をしたのはイギリス外交団である。

一行は英国第九連隊の分遣隊五十人に護衛された英国人二十人と日本人書記、下僕、馬丁など三十人の大所帯だった。慶喜は大坂の高台にある長法寺《ちょうほうじ》など四つの寺院を宿舎として提供した。

慶喜は引見に先立ち個別に内引見を行った。

イギリスは最初の二十五日である。

パークスは長法寺から護衛兵に守られて大坂城に入った。

見物の野次馬が殺到し、当日は大変な騒ぎであった。

通訳のアーネスト・サトウは、この日のことを次のように書き残している。

「私たちは将軍が待ち受けている奥の広間へ着いた。将軍はハリー卿と握手をし、長いテーブルの上座に腰を下ろした。その右にハリー卿、左に総理大臣ともいうべき板倉伊賀守が席をしめた。私は卿と将軍との間の腰掛けにかけた」

「会談が終わってから一同は洋式の晩餐が用意されている小室へ席を移した。将軍は食卓の上座についたが、その態度は極めて慇懃《いんぎん》であった。周囲の壁に三十六歌仙の絵がかけてあった。ハリー卿がそれを褒めると、将軍はそのなかの一枚を卿に贈った」

友好的な雰囲気が会場全体にあふれ、

「慶喜はこれまで会った日本人の中でもっとも貴族的な容貌をそなえた一人」

とサトウは慶喜をべた褒めした。

英国外交団は慶喜の魅力に取りつかれ、後日、パークスは、

「素晴らしき人物」

とフランス公使ロッシュに書き送ったほどで、本番の引見も含めて慶喜の引見は大成功をおさめた。

ただし一つだけ気になることがあった。

フランス、アメリカ、オランダの公使が慶喜をマジェスティー（陛下）と呼んだのに対し、ハリー卿はハイネス（殿下）と呼んだので、外国奉行たちは不満の意を英国に伝えることもあった。

これは多分に薩摩を意識したもので、サトウの日記には将軍との接近に不満を漏らしたことが書かれていた。

慶喜の物腰、さわやかな弁舌は群を抜き、慶喜は一層自信を深め、次の課題、兵庫開港に向かって邁進する。

兵庫開港

慶喜は兵庫開港をどう進めるか、思案していた。

兵庫開港は幕府と諸外国との約束として慶応三年十二月と決まっていた。

ところが朝廷部内の薩長派は倒幕の切り札にこれを使い、勅許を出すことに反対していた。

幕府が独断で開港すれば、幕府攻撃の材料となり、倒幕運動が盛りあがる。

慶喜は五月二十三日に板倉、稲葉の両老中を従えて宮中に乗り込み、中御門経之《なかのみかどつねゆき》、大原重徳ら反対派の公家たちを、

「そんな『日本書紀』や『古事記』から抜き出したような考えでは、もはや世界には通用しない」

と一昼夜かかって説き伏せ、ついに朝議で兵庫開港の勅許を獲得した。

慶喜の弁舌のうまさも大いにあずかった。慶喜の言葉は上品なうえに、理路整然とし、しかも流れるような流暢《りゅうちょう》な話しぶりで、言葉に力もあり、誰もがうっとりと聞き惚れた。

「速記すれば、一編の名文たらん」

といわれたほどである。

このため皆はうなずくばかりで、言葉を返す者はいなかった。女子衆は目をとろんとさせて、聞き入ったものだという。

政治家は弁舌が大きな要素となる。

天下は天才的才能の持ち主、十五代将軍慶喜を中心に動き始めた。

だが難題が持ち上がった。

フランス離反

この年の夏、慶喜はフランスの対日政策に異変が起こったことを知った。

親日派のリュイス外相が退任し、ムスティエに代わったが、新外相はイギリスが薩長を支持していることを重く見て、日本駐在のロッシュに政策の転換を求めてきたのである。

パリ万国博の薩摩が出展したことも響いていた。

ロッシュは大いに反発し、幕府支持の姿勢を変えなかったが、本国政府は冷淡で、六百万ドルの借款にも赤信号がともった。

慶喜は栗本鋤雲をパリに派遣、フランス政府と交渉に当たらせたが、活路が見いだせず困難な状況に陥った。

フランス政府の思惑は日本の政情不安だった。薩摩だけではない。過激派の長州も台頭し、幕府に反旗を翻したことも大きかった。

慶喜は重大な岐路に立たされた。

慶喜は自主的に財源を確保すべく、大坂に外国貿易の商社を設立するなど、必死の挽回策を練った。

薩長との軍事的対決も視野におき、当面は対決を回避しながら、いかにして幕府中心の新制日本の建設を進めるか。慶喜と官僚たちの孤軍奮闘が続いた。

しかし幕府の政策は一貫性に欠け、傷口を広げて行くことになる。

原市之進暗殺

このさなかに腹心の原市之進が暗殺された。

「なんだと」

慶喜は飛び上がった。

あってはならないことが起こった。

容貌雄偉《ゆうい》、沈着にして才略あり。

慶喜がもっとも信頼する片腕である。ポストでいえば現在の官房長官の役である。

慶応三年八月十四日の明け方、二人の男が水戸藩士と偽って三本木の宿舎に入り込み、不意に刀を抜いて斬りつけた。原の若党が犯人を追い詰めて斬殺したが、犯人が何者かは分からなかった。

知らせを受けた慶喜の衝撃は大きかった。顔面蒼白となって、わなわなと唇を震わせた。

身内の犯行か。

嫌な予感が慶喜を襲った。

幕府の与力鈴木恒太郎が板倉勝静のもとに自首したため詳細が分かった。

こともあろうに幕府同心の鈴木豊次郎と依田雄太郎の二人が乱入し、原を斬殺したのである。

慶喜は将軍就任にあわせ原を幕府目付に抜擢しており、明らかに慶喜への嫌がらせの犯行だった。

黒幕は誰か。慶喜は探索した。

さまざまな説が流れた。

ひとつは幕臣山岡鉄舟《てっしゅう》説である。幕府のなかにも兵庫開港反対派が多く、江戸で兵庫開港の勅許を得たと聞いた山岡は、

「あいつの差し金だ」

と衆人のなかで原を罵倒したという。情けないことに幕臣の多くは攘夷だった。

福沢諭吉がこの辺りをずばり書いている。

「徳川政府は行政外交の任に当たっているので、開港説、開国論をいわなければならない。けれども幕臣全体の有様はどうだというと、四方八方、どっちを見ても洋学者が頭をもたげる時代ではない。表面は開国をよそおっているが、幕府は真実、自分も攘夷をしたくて堪らないのだ。実に愛想が尽きて同情する気もない」

とこぼしていた。慶喜への反発は想像を絶するものがあった。

山岡は剣客である。

「原を斬れ」

と叫んだとしても、不思議ではない。

もうひとつは水戸藩本圀寺派の共犯説である。もしこの説が真実だとすると、慶喜は実に気の毒である。水戸に原暗殺の一報が入ると、水戸城内は、

「天へも登る心地にて大快をなせり」

と拍手喝采であったという。

ここまで来ると、水戸学も堕ちるところまで堕ちたというほかはない。

慶喜は平岡に続いて二人の腹心を殺されたことになる。十分に警護しなかった慶喜の甘さもあった。

このことが慶喜の心に微妙な影を落としていく。暗殺の恐怖である。

群衆が集まる所はいつも避ける慶喜の深層心理には、これがあったのではないか。以来、慶喜はひどくテロを恐れるようになる。

本来、武闘集団であるべき旗本がまるで機能せず、水戸も役に立たず、都の警備を新選組に頼らねばならぬところに、将軍の脆弱《ぜいじゃく》さがあった。

侠客の新門辰五郎《しんもんたつごろう》をボディガードに雇わなければならないところまで幕臣の気力は落ち

ていた。

すべての面で慶喜の前途は多事多難であった。

土佐藩、建白書を提出

薩長同盟と幕府の間に、土佐藩が割って入った。もともと薩長同盟は土佐脱藩の坂本龍馬が一役買ったものである。

坂本は幕府の勝海舟に師事して、世界情勢を学んだいきさつがある。武力討幕よりも将軍の自発的な政権奉還によって局面の打開をはかろうとしていた。その役を担って土佐藩士・後藤象二郎《しょうじろう》が登場する。

坂本龍馬の『船中八策《せんちゅうはっさく》』を基本としたもので、決して独自のものではないが、平和的解決を志向する土佐の案は極めて口あたりのいいものだった。

十月三日、後藤象二郎と福岡孝悌《たかちか》の二人が二条城を訪ね、老中首座板倉勝静に土佐藩主山内容堂の建白書を提出した。

「正明正大の道理に帰し、天下万民とともに皇国数百年の国体を一変し、至誠をもって万国に接し、王政復古の業を建てる一大機会と存じ奉り候」

として王政復古の八カ条がしたためてあった。
一、天下の大政を決める全権は朝廷にある。万機は京都の議政所より出すものとする。

一、議政所は上下に分かれ、議事官は上公卿から下庶民に至るまで正明、純良の士を選ぶ。
一、郷学校を都会の地に設け、学芸、技術を指導する。
一、外国とのことは朝廷の大臣と諸藩が協議し、信義を損なわないようにする。
一、海陸の軍備は緊急課題である。世界に比類なき軍隊を作る。
一、古今の旧弊を改新し、枝葉、小条理にとらわれず大局的見地に立って物事を処理する。
一、朝廷の制度も改革し、地球上に独立する国家を作る。
一、議事は私心を捨て、公平に基づき、正直を旨とし、これまでの是非曲直《きょくちょく》は問わない。

絵に描いたような理想的な建白書であった。後藤象二郎は、

「速やかにご回答いただきたい」

といって帰った。

慶喜はこれを見て、

「なるほど」

とうなずいた。

特に目新しいものはないが、よく出来ていたからである。

慶喜はヨーロッパ帰りの西周に大政奉還後の政治構想を練らせていた。それは将軍を大君とする中央集権国家で、大君は行政のトップとなって全国を統治し、さらに立法機関の議長を兼ね、軍隊も統率するというものだった。その場合、天皇は立法機関で議決された法律を認証するだけで、象徴的存在と位置づけた。

慶喜はこの改造計画を念頭に入れ、フランス公使ロッシュの指導のもと軍制を改革し、新たな官僚機構をつくり、内閣も発足させた。勘定奉行小栗上野介の努力による製鉄所や造船所の建設もその一環である。

これらが軌道に乗れば、薩長を叩き、幕府を中心とした新制日本が建設できる。

慶喜はそう認識していた。

問題は時間であった。

薩長は幕府の大改革に恐怖し、武力による討幕を急いだ。慶喜の耳に頻々とその情報が入ってくる。ではどうするか。幕府陸海軍が改革、再編成の途上にある以上、時間を稼ぐしか手はない。慶喜はそう判断していた。

慶喜の選択

慶喜が選択すべき道は、もともと二つか三つしかなかった。

ひとつは思い切って幕府の単独政権を目指す道である。すべての軍事力を駆使して反対する勢力に砲火を浴びせ、勝利を得ることである。だが確信がもてなかった。

慶喜は臆病《おくびょう》になっていた。

原市之進を失ったいま、本音《ほんね》を打ち明ける友はいない。都と江戸の距離もある。慶喜の内面は孤独であった。

二つ目は幕府も含む雄藩連合である。これが可能であれば、おのずから政権は幕府の手に転がり込む公算が高い。土佐案はこれに近い。しかし無条件で乗るのは危険だ。

山内容堂、松平春嶽、彼らを保証人にし、薩長を牽制しなければならない。

会津藩、桑名藩、新選組には一層の警戒を依頼し、不測の事態に備えなければならない。

そうすれば、いくら薩長といえども土佐を乗り越えて武力行使に出ることはあるまい。

「土佐に下駄をあずけるのも面白いのう」

慶喜はしたたかに算盤《そろばん》をはじいた。

まずは春嶽に聞いてみることだ。

早速、板倉勝静が春嶽に意見を求めた。

「一身、一家、一族の私情をすて大政奉還を致すべきだ。ただし手続きは慎重、綿密、周到が大事と語り、いまこそ有終の美を飾る好機だ」

春嶽はそう答えた。

春嶽の言葉を聞いて慶喜は土佐案に大きく傾いた。考えてみれば、朝廷に政権を返上したところで、天皇はまだ幼い。政治をやれる人間は幕府をおいてほかにないはずだ。結局は従来どおり慶喜に政治が委任されるのではないか。慶喜はそう考えた。

慶喜は土佐案に乗る決意を固める。

楽観的といおうか。単純といおうか。慶喜はいともあっさりと、自分に都合よく判断し、土佐がセットしたテーブルに着くことにした。江戸の官僚たちはまだ何も知らない。

政権を朝廷に返上

回想録『昔夢《せきむ》会筆記《かいひっき》』に、そのときの慶喜の心情が書かれている。

慶喜は次のようにいっている。

「余が政権返上を決したのは、早くからのことである。しかし、どのようにして王政復古の実をあげるかは、成案はなかった。公家や大名では無理で、諸藩士も難しいだろう。余の苦心はここにあった。山内容堂の建白書に上院、下院の制を設けるとあったので、これなら公論で決することができようと思い、勇気と自信をもって断行した。日本の行く末は西洋のように郡県制度になろうと漠然と考えていた。その順序、方法などは考えていなかった」

要は自分にお鉢が回ってくると考えたのである。しかし幕府の幕を閉じ、政権を返上するという一大事である。清水の舞台から飛び下りるどころの騒ぎではない。

当然、フランス公使ロッシュと相談があってしかるべきだし、江戸の小栗上野介や勝海舟、陸海軍の将兵にも話があるべきだが、慶喜はそれをしなかった。

信じがたいことである。

普通の人間ならためらい、苦悩するはずなのに、慶喜はときとして大胆不敵に行動した。こう見ると幕府の政治はあってなきがごとしの状態、といっても過言ではなかった。

建白書の策定には薩摩の家老小松帯刀《たてわき》、広島藩家老の辻将曹《しょうそう》も加わっていた。これも慶喜が決断した理由のひとつだった。西郷も承知していることだ。そう思ったのである。

実際はまったく異なる。西郷は二股をかけたにすぎない。あくまでも基本は討幕である。

慶喜はそこを見ていない。

所詮は御三家の御曹司、おぼっちゃまで、好人物なのだ。

修羅場をくぐり抜けてきた政治家ではない。結果として慶喜はころりとだまされる。

楽観的な発想のまま慶喜は十月十三日に在京四十藩の重臣を二条城に集め、大政奉還を述べ、翌日、政権を朝廷に返上した。

この日、朝廷では有栖川宮熾仁《たるひと》親王、賀陽宮朝彦《かやのみやあさひこ》親王、山階宮《やましなのみや》晃《あきら》親王、摂政二条斉敬《なりゆき》、左大臣近衛《このえ》忠房《ただふさ》、右大臣一条実良《さねよし》らが朝議を開き、慶喜の思惑どおり、国家の大事および外交案件は当分の間、慶喜に委任する旨の決定がなされた。

「容保、何も心配はいらぬ。すべては余の目論見《もくろみ》どおりである」

慶喜は会津藩主松平容保の顔をみやって、ほほ笑んだ。京都守護職も風前の灯で、これからどうなるのか、容保は意気消沈していた。

「余に任せておけ」

慶喜は自信ありげにいった。

西郷隆盛や大久保利通にとって、これは予想外のことであった。

「まさか、信じられぬ」

二人は顔を見合わせた。

振り上げた拳《こぶし》のやり場に困った。

西郷はどう出たか。

慶喜を泳がせる策に出た。

これが慶喜を油断させる。役者はいつも西郷が上である。

坂本龍馬と中岡慎太郎の暗殺事件が起こったのはこの頃である。

龍馬は薩長同盟の立役者である。犯人は新選組との噂がたった。あとで京都見廻組の佐々木唯三郎《ただサぶろう》、今井信郎《のぶお》の犯人説が有力となったが、龍馬は討幕には反対していたともいわれ、慶喜にとっては逆に痛手であった。

内部犯行説が出る所以《ゆえん》である。

西郷、武力討幕を決意

西郷隆盛はじっと辺りを見つめていた。

慶喜も西郷だけは気になっていた。

「何をしでかすか分からぬ不気味な男だ」

慶喜は以前、原市之進に語ったことがあった。

西郷が明確に武力討幕に踏み切る意向を固めたのは、慶応三年六月である。

藩主の実父島津久光を説得し、久光は京都藩邸に長州の品川弥二郎、山県有朋《やまがたありとも》（狂介）を招き、討幕を明言した。長州はこの一言を待っていた。

この席にいたのは西郷、大久保、小松である。そのとき西郷は京都にいる一千の兵を分け、一隊が御所を占拠する。もう一隊が会津藩邸を急襲、残る一隊が堀川の幕府軍屯所を囲み焼き払うという計画を打ち明けた。

軍事クーデターである。

西郷は土佐をも巻き込むべく後藤象二郎を口説いた。後藤は軍事ではなく公議政体論で大政奉還を目指すとし、西郷の武力行使に反対した。

後藤は危機感を抱いた。なんとしても阻止しなければならない。それは主君山内容堂の指示でもあった。後藤は薩摩の切り崩しをはじめ、家老小松帯刀を味方につけた。

薩摩藩の門閥派は、もし失敗すれば薩摩藩が消滅すると危惧していた。西郷の武力行使は決して一枚岩ではなかったのだ。
この動きを知った西郷は二股をかけた。
後藤と小松を泳がせたのである。
その方がやりやすかった。藩内門閥派の目をそらせることが出来るからだ。
西郷は後藤の動きを横目でにらみながら江戸にも手を打った。

第六章　大政奉還

討幕のシナリオ

西郷は、伊牟田《いむた》尚平《しょうへい》、益満休之助《ますみつきゅうのすけ》を江戸に送り、関東各地の尊王派に働きかけ、江戸の擾乱《じょうらん》を画策した。

幕府の足下に火をつけるゲリラ作戦である。

宮廷内部は中山忠能《ただやす》、正親町《おおぎまち》三条実愛《さねなる》、中御門経之の三人を固め、戦いの大義名分の作成を頼んだ。

討幕の密勅の起草である。天皇の名で天下に慶喜の罪を問うのだ。

その場合、天皇は絶対に自分の陣営にとり込んでおかなければならない。

「玉はわが掌中におさめよ」

西郷は説いた。

そのためには武力で宮廷を包囲し、玉を意のままにすることである。

慶喜の知らぬところで、討幕のシナリオは着々進んでいた。

後藤はここに来て西郷の動きを知った。

なんとか阻止しなければならない。

後藤は春嶽に知らせ、驚いた春嶽は側用人の中根《なかね》雪江《ゆきえ》を二条城に遣わし、慶喜に急を告げた。

十二月六日のことである。

前日、春嶽は慶喜に招かれて二条城で酒肴《しゅこう》を賜っていた。同席したのは板倉勝静らで質素な懐石料理だった。

夜遅く帰ると中根が苦悩の様子で待っており、一部始終を聞いたのだった。

二条城に駆け付けた中根は、

「人払いをお願い申し上げまする」

といって慶喜を見上げた。

「そうか」

慶喜は軽くうなずき、人を避けて話を聞いた。

「西郷、大久保らが近日中に王政復古の大号令を宣布いたしまする」

中根が声を潜めていったが、慶喜はさほど驚いた様子はなく、

「余はすでに政権を返上した。将軍職も辞したれば、王政復古のご沙汰あっても当然であるぞ」

といった。

中根の説明も悪かったのだが、慶喜は事態の悪化をのみ込めず、土佐の平和路線をあくまで信じていた。板倉にだけは中根の話を伝え、

「この上は何事も朝命のままに服従せよ。会津、桑名には聞かせるな」

と命じた。板倉は、

「なんということだ」

と、はらはらと涙を流した。

板倉もひどい政治オンチであった。疑うことを知らない。かくて会津も桑名も何も知らずにいた。

聡明にして家康の再来とまでいわれた慶喜である。このときに限って、思考が停止していたとしか思えない。原市之進が生きていれば、間違いなく違った行動をとっていたであろうが、板倉の、はらはらと落涙することで終わってしまった。

事前にクーデター計画を察知できなかった会津藩の諜報探索にも問題があった。慶喜の大失策に会津藩の手落ちも加わり、クーデターは成功する。

西郷が土壇場で後藤をかわし、武力討幕の切符を手にする。

岩倉具視、王政復古の大号令

クーデターの第一の鍵は京都守護職である会津藩の精強部隊をどのようにして、御所から追放するかであった。

会津藩は土佐藩を信頼しており、この役は土佐が担当した。後藤象二郎はこの段階で、すでに外されている。後藤の知らないところで、薩摩、長州、土佐の連携が進行していたのである。

役者はすべて西郷の方がはるかに上だった。

十二月八日夜、クーデターは断行された。この朝、会津藩兵はいつものように唐御門《からごもん》の警備についた。前夜の当直、組頭の小池勝吉が守備隊長の生駒五兵衛に昨夜、御所の周囲が騒々しかったと報告した。

「どのように騒々しかったのか」

「ただざわざわと、人が動きまわる音が」

「それだけか」

「はあ」

勝吉が浮かぬ顔をした。

そのときである。乾御門《いぬいごもん》から完全武装の薩摩一中隊が来て唐御門から御所の中に入った。

続いて芸州兵一小隊が来た。これも装備を固めている。

勝吉が飛び出して、薩摩兵を追い、

「軍装は何のためなりや」

と問うと、

「主人が参内《さんだい》いたす故、こうしたまででござる。許可も得ておる」

という。そこで芸州兵に問うと、

「薩摩藩から警衛の通知があり、出兵いたしした。何故かは知らぬ」

という。会津藩も虚をつかれた。

これは謀られた。会津を襲うつもりだ。

生駒五兵衛は内心、密かに死を覚悟した。そこへ佐川官兵衛が来て、

「番所引き払いの命令が出るやもしれぬ。忍耐、礼を失しないように」

と珍しくおとなしいことをいう。午後二時ごろ薩摩藩主島津忠義《ただよし》（茂久）が参内し、土佐藩兵半大隊が来て、唐御門前に整列した。鉄砲には銃弾をつめ、辺りを睥睨《へいげい》して歩く。大砲も据えられた。

このまま夜に入った。会津藩は動けない。慶喜から何事も穏便にいたせと告げられたからである。

佐川官兵衛は会津きっての猛将である。

喧嘩っぱやいのも会津一で、火事場で旗本を斬ったこともある。普段なら大騒ぎになるのだが、黙って引っ込んでいる。異変に気づかなかったのである。

この日、解せないことがいくつも重なった。

夜中になって蛤御門《はまぐりごもん》と唐御門の警備を土佐藩に引き渡すようにとの命令書が手渡された。会津藩は特に抵抗もせず二つの門を土佐藩に引き渡した。土佐は幕府、会津の味方だという意識が最後まで抜けない。

会津藩の諜報活動は不備だらけだった。

九日の朝、御所から会津藩が追放された。長州兵が刻々、御所に迫っており、御所は間もなく薩長の軍団に取り巻かれようとしていた。

この間、御所では重大なことが次々と決まっていた。朝敵の烙印を押されていた長州は無罪放免となり、これに関連し都落ちした公家、蟄居《ちっきょ》処分になっていた公家もすべて赦免となった。

この中に黒幕の岩倉具視もいた。九日朝、宮門は討幕派の軍が押さえている。

土佐藩主山内容堂は、一人疑義を唱え、土佐藩兵の出動を見合わせた。だがもう大勢は固まった。薩摩兵が御所のなかを小躍りして走り回っている。

幕府派の公家は解任され、討幕派の岩倉が王政復古の大号令を発した。

幕府を廃止し、有栖川宮を総裁に任じ、仁和寺宮《にんなじのみや》、山階宮、中山、嵯峨、中御門の五卿と薩摩、尾張、越前、安芸、土佐の五藩主が議定となった。加えて岩倉ら五人の公家と薩摩など五藩から三人ずつの合わせて二十人を参与とし、これらの人々の合議で当面の国政を担当するとした。

西郷が考えていた構想である。

こうなると土佐の山内容堂も拒否し続けることは難しい。土佐の家老福岡孝悌が独断で兵を出し、宮門に配備した。

九日夕刻、容堂もついに参内した。慶喜、容保、定敬の三人が欠席裁判にかけられ、慶喜は領地の返上を求められ、容保と定敬は守護職と所司代を解任された。

土佐藩主を脅す西郷

夜に入って小御所で総裁、議定、参与の三職会議が開かれた。

「なぜ慶喜を呼ばぬのだ。本日の仰々しさは何だ。徳川家の功績は大だ。公家のみで政治を行うことはできぬ。幼い天子を擁して権力を盗むつもりか」

容堂は慶喜をかばい、必死に土佐の大政奉還を貫こうとしたが、

「幼い天子とは何事ぞ」

岩倉が大喝し、休憩になるや西郷は、

「短刀一本あれば片づくことだ」

と土佐藩主であろうと容赦はせぬと覚悟を示し、後藤象二郎に伝えた。

これで容堂も後藤も沈黙した。春嶽と容堂が二条城に行き、この夜の決定事項を慶喜に伝えた。

幕府の兵は激怒し、会津、桑名の将兵も納得できぬと老中首座の板倉に詰め寄った。

しかし騒乱に巻き込まれては、手ぐすね引いて待っている薩長の罠にはまる。慶喜はそう考えて、

「余によき考えがある」

と会津、桑名兵らをなだめ大坂城に落ち延びた。

都は自動的に薩長の手に落ち、幕府に朝敵のレッテルが張られた。

西郷はただちに江戸で騒乱を起こすよう、戦闘の指令を発した。幕府を煽り立て、戦争に持ち込む策略である。

薩摩屋敷にたむろする浪士たちが、市中の各所に火を放ち、江戸城に忍び込んで二の丸を焼き、江戸市中警備の庄内藩屯所に発砲する大胆不敵の行動に出た。

戦争を仕掛ける挑発行為である。

これには庄内藩も堪りかね、薩摩藩邸に砲撃を加えた。この知らせが大坂に入ると、幕府軍は快哉《かいさい》を叫び、薩摩を討てと激昂した。土佐の大政奉還論が敗れたいま、もはや幕府将兵を止めるものはなにもない。

慶喜も追い詰められた。

天皇は敵の掌中にあり、こちらが朝敵になることが、慶喜を苦しめた。

朝敵がどれほど重い意味をもつかは、長州の苦しみをみれば分かる。慶喜は重厚味のある西郷の顔を思い浮かべ、戦慄を覚えた。

長州と戦って本当に勝てるのか、禁門の変では薩摩が味方だった。今度は薩摩が敵なのだ。慶喜は戦う前から不安に苛《さいな》まれた。しかしこのままでは手詰まりだ。何か仕掛けなければならない。幸い、大坂に幕府陸海軍がようやく集結し始めている。

慶喜はようやく戦端を開く決心を固めた。

だが慶喜の心は猫の目のように変わった。戦う、いや戦わない。堂々めぐりの繰り返しであった。

慶喜は体をぶるぶる震わせ、恐怖心に襲われた。

慶喜の内面はひどく病んでいたのである。

第七章　鳥羽伏見の戦い

慶喜決断

朝敵の汚名を受けた慶喜は、薩長との戦いを覚悟する。この時期の慶喜の動きを知るには、会津藩の資料が欠かせない。

それらは『会津藩庁記録』（日本史籍協会叢書）に収録されているが、まことに残念なことに慶応年間の記録が欠落している。

なぜ無いのか。単純に考えれば戦争で焼失した可能性もあるが、それ以前の資料が存在するところから見ると、故意に破棄されたのではないかという疑念がある。

明治新政府にとって、会津藩の資料は外部に出ては困るものが多く含まれていたに違いない。明治新政府から公開を止められた可能性がないわけではない。

これを補うものが、山川浩《ひろし》の『京都守護職始末』と北原雅長《まさなが》の『七年史』である。これらの資料をもとに会津藩の動きを通して、鳥羽伏見の戦いを検証してみたい。

山川浩は会津藩を代表する人物である。

会津藩の家老職の家に生まれ、幕末、小出大和守に随行してヨーロッパおよびロシアを旅したエリートである。

会津戦争では軍事総督を務め、一カ月間に及ぶ籠城戦を指揮し、敗れたあとは家臣団を率いて本州最北端の下北《しもきた》半島に移住、最高責任者として会津藩の再興に当たるが、そこは荒涼たる痩せ地で、廃藩置県も重なって、再興の夢をかなえることは出来なかった。

しかし弟と妹をアメリカに留学させることができ、弟健次郎は後に東京帝国大学総長となり、日本の大学教育の発展に尽力。妹の捨松《すてまつ》は鹿鳴館の華として活躍した。

山川は『京都守護職始末』も編纂、京都守護職であった主君松平容保が、孝明天皇と主君慶喜のために、いかに尽力したかを綿々と書き連ね、明治維新は薩摩、長州の武力革命の結果であると記述、明治維新批判も試みた。

京都守護職を務めていた会津藩は慶喜が大政奉還を決めた時点で、会津藩参謀は容保の帰国を考えた。慶喜はどうも頼りにならない。そうした思いがあり、このまま京都にとどまっていては、藩が滅亡するという危機感を抱いた。

膨大な出費で国元が疲弊している事情もあった。容保の病も進行していた。すべての藩兵は心身両面で疲労し、いったん帰国して力を蓄え再度出直したいと考えていた。しかし慶喜はいつも反対し、会津藩をボディガードとして側に置こうとした。

水戸藩が使い物にならないだけに、慶喜は会津藩に頼った。

山川はその辺りを詳細に書き綴っている。帰国を迫る家臣たちに、容保は、

「わが藩と徳川宗家との関係は、列藩と同じようには考えられない。宗家と盛衰存亡をともにすることが藩祖の遺訓である」

と語って家臣たちをなだめ、薩摩がクーデターを断行、会津が宮門を追われたときも、

「慶喜公が策をもたれている。ここはいったん大坂に退くべし」

と家臣たちを諭《さと》し、いつも慶喜の肩を持った。それが裏切られていく様子が、まざまざと描かれている。

慶喜の甘さ

北原雅長は会津藩家老、神保《じんぼ》内蔵助《くらのすけ》の次男である。兄修理《しゅり》は容保の側近で、鳥羽伏見の戦いの最中に、慶喜と一緒に江戸に逃げ帰った容保の身代わりとなって自刃に追い込まれる。雅長は北原家に養子に入ったことで北原を名乗ったが、このときは兄と一緒に京都にいた。

後年、長崎市長を務め、明治三十七年に幕末から明治元年までの会津藩の動向をまとめた『七年史』を発刊した。

討幕の密勅が流され、会津藩が朝敵の汚名を着せられたとき、会津藩首脳は急遽、内田武八を国元に遣わし主君の無念の気持ちを伝え、戦いも辞さぬと呼び掛けた。『七年史』にその親書が掲載されている。

会津藩は薩長との戦いを覚悟した。

このようなことになるなど、会津を出るとき、誰が思ったであろうか。

会津藩兵は悲壮な思いで、御所の方角を見やった。慶喜に対する不信感も増大した。慶喜の顔を立て、慶喜を信じて付いてきた結果が、朝敵の汚名を受けることになったのだ。

会津藩主従の胸に、怒りの炎が燃えあがった。

会津藩の実戦部隊、砲兵隊長の林権助《はやしごんすけ》や別選組隊長の佐川官兵衛らは二条城の城門をふさぎ、慶喜が出るのを阻止しようとした。

「余に深謀がある。汝ら憂えることなかれ」

慶喜はそう語り、皆を静めた。

大坂に落ち延びた慶喜にフランス公使ロッシュは落胆した。

慶喜は会津藩ほど悲壮ではなかった。

まだ決定的に負けたわけではない。そういう思いがあった。ともかくここで戦っては完全に朝敵にされてしまう。それが怖かった。

それではただの臆病風かといえば、必ずしもそうではない。確信は持てないが、松平春嶽や山内容堂が何か手を打ってくれるだろう、という密かな期待があった。

育ちの良さともいえるが、慶喜は人を安易に信じる傾向があり、自分に有利に物事を解釈する甘さがあった。

客観的にいって、慶喜はもはや敗残の将であった。イギリスの外交官アーネスト・サトウは慶喜の大坂入りを次のように書いている。

「私たちが、ちょうど大坂城の壕にそって往来の端まできたとき、進軍ラッパが鳴って、洋式訓練部隊が長い列を作って行進してくるのに出会った。この部隊が去ったあとから異様な服装をした兵士の一隊が続いた。この兵士のなかには、背中の半分までたれた長い黒髪や白髪のカツラのついた陣笠をかぶった者もあれば、水盤型の陣笠や平たい帽子をかぶった者もいた。武器も長槍、短い槍、スペンサー銃、スウイス銃、旧式銃、あるいは普通の両刀などさまざまだった。

そのとき、辺りが静かになった。騎馬の一隊が近づいてきたのだ。日本人は皆、ひざまずいた。それは慶喜とその供奉する人々であった。

私たちはこの転落の偉人に向かって脱帽した。慶喜は黒い頭巾をかぶり、普通の軍帽をかぶっていた。見たところ顔はやつれて、悲しげであった。彼は私に気付かなかった様子だ。これに引き換え、その後ろに従った老中の板倉伊賀守と豊前守（老中格大河内《おおこうち》正質《まさただ》）は私たちの敬礼に応えて快活に会釈した。会津侯や桑名侯もそのなかにいた」

英国の外交筋は慶喜を敗者ととらえ、

「武将たる者、なぜ京都で戦わなかったのか」

と疑問を呈した。外交団は一方的に押される慶喜のふがいなさに失望した。

フランス公使ロッシュの落胆は大きかった。大政奉還は寝耳に水の出来事であり、すごすごと大坂に落ち延びたことに唖然とした。

たまたまロッシュは静養のため熱海に滞在中であった。知らせを受けたロッシュはただちに江戸へ引き返し、江戸城に駆け付けた。

外国事務総裁の老中小笠原長行に会い状況を聞くと、小笠原は、

「仮に大政奉還に失敗しても、慶喜公は日本のもっとも富のある関東の主たる地位を確保し、北部の大名、旗本八万騎を味方として陸海軍、工廠、金庫、貨幣を意のままにする」

と語り、ロッシュを安心させたが、関東の領主に転落するという最後の策はあまりにも了見が狭く、内心の失望は隠せなかった。

そこでロッシュは、

「戦うことによってほか、政権は自らの手に取り戻すことはできない。私はすぐ大坂に行く」

と檄《げき》を飛ばすと、

「それはありがたい。念のため幕府陸海軍を続々と上京させている」

と小笠原が付け加えたので、そこに期待をつなぎ、あわただしく船に乗った。

一方、イギリス公使パークスは、大政奉還を歓迎した。

「これで帝《みかど》は幻影の君主たることをやめて、何世紀もの間、将軍に委任することで満足してきた権力を回復した」

と評価し、これからの日本は帝を中心に国政が運営されるとの見通しを側近に語った。

ただし慶喜がまったく転落するとは考えず、依然として中央政府の重要な位置を占めると判断した。

その点、江戸にいるパークスと京都のサトウとの間にはかなりの差があった。情報量の違いであろう。

パークス、ロッシュとの会見

当の慶喜はどんな心境であったか。慶喜は厳しい局面にぶつかると心が乱れ、右に左に揺れる癖があるが、このときも激しく揺れた。

大坂城に入った慶喜は、気持ちに振幅があり、

「これでよかった」

といったかと思うと、

「容堂にだまされた」

と怒りをあらわにし、ころころと気が変わった。そこにロッシュが駆け付け、幕府陸海軍も続々大坂にたどり着くと、慶喜はやっと強気に転じ、

「余は依然として日本の大守である」

と老中首座板倉勝静や会津藩主松平容保の前で胸を張り、十二月十四日には、大坂城でパークスとロッシュとの会見に臨んだ。

お膳立てしたのは勿論ロッシュである。慶喜はとうとうと語った。

「諸大名の了解のもとに大政を奉還し、天皇もこれを入れて衆議の決定まで国事を指揮せ

よとのことであった。ところが薩摩、土佐、芸州、尾張、越前の五藩が禁門を占領し、将軍の辞職と二百万石の納地を迫った。五藩を牛耳っているのは薩摩で、他の藩は薩摩のやり方に疑義を抱いている。天皇は一部の者に操られている少年に過ぎない。かかる政府が日本の政府でないことは明白である」

いつもの格調高い論旨だったが、尾張、越前までもが加わっていることに、衝撃は隠し切れず、アーネスト・サトウは、

「慶喜は痩せ、疲れて、音声も哀調をおびていた」

と書き記した。

サトウの先入観も少しはあるが、弱気の部分を隠しきることは難しかった。

この日からロッシュの反撃が始まる。

ロッシュはパークスに、

「現時点では幕府が日本を代表する政府だ。京都政権にはなんら将来の展望は見えない」

と強く訴え、パークスから同意を取り付けた。京都の西郷や岩倉は事なれりとしたが、客観的に見て、まだまだ幕府は優勢であり、逆転の可能性は十分にあった。

ではどうすれば、逆転できるのか。

それは武力の行使以外にはないとロッシュは発破《はっぱ》をかけ、慶喜もようやくその気になった。

大坂に集結した幕府軍は一万五千にもなり、慶喜は「必ず勝つ」と容保らに語り、強気の姿勢を示した。

慶喜は後年、このときの動きを、

「板倉が書を関東に寄せ、兵士、軍警を呼び寄せた。政権返上した以上、余は一個の大名である。従来のごとく多数の兵はいらなかった。会津と桑名も国に帰そうと考えたが、板倉が反対した。兵を呼んだのはまったく板倉の一存であり、誠に残念なことである」

と、まったく反対のことを語り、板倉にすべての責任をかぶせたが、これは慶喜の詭弁《きべん》だった。

事実は慶喜と板倉との共同作業であった。

幕府、会津、桑名の連合軍が集結

慶応四年（一八六八）正月元旦、「討薩の表」を作成、翌二日、京都目掛けて進軍を開始した。会津藩も桑名藩も燃えた。

慶喜が初めて進軍の喇叭《らっぱ》を高らかに吹き鳴らした。慶喜の身辺の護衛に当たっていた京都見廻組や火消しの新門辰五郎《しんもんたつごろう》も決死の覚悟で慶喜の周りを固めた。

辰五郎は三千人もの子分を抱える江戸火消しの親分である。慶喜の居城二条城を守るため、子分二百人を連れて都にきていた。

娘のお芳を一橋家の女中に差し出し、お芳はほどなく慶喜のお手付きとなり、辰五郎は鼻高々であった。

慶喜は身の周りの女性をことごとく、自分の女にし、大奥の王様でもあった。

「野郎ども、薩長の奴らに血の雨を降らせてやれ」

辰五郎は子分たちを叱咤《しった》した。

幕府、会津、桑名の連合軍が大坂に集結した。一万五千の大軍である。中核はフランス士官から訓練を受けた幕府歩兵大隊五千。初めての実戦投入である。

「これで薩摩も終わりじゃ」

と板倉勝静がせせら笑い、陸軍奉行の竹中重固《しげかた》が、

「お任せあれ」

と胸を張った。会津藩や新選組も勝ったも同然と楽観視した。

各軍の配置は次のようなものだった。

黒谷方面
歩兵奉行並佐久間信久を将とし、歩兵二大隊、砲兵隊、遊撃隊、会津藩生駒五兵衛隊、上田八郎右衛門隊、林権助大砲隊

大仏方面
陸軍奉行並高力忠長《ただゆき》を将に歩兵二大隊、会津藩田中土佐隊、白井五郎太夫大砲隊
二条城方面
陸軍奉行並大久保忠恕《たださと》を将に歩兵二大隊、京都見廻組
伏見街道
歩兵奉行並城和泉守を将に歩兵一大隊、新選組隊
鳥羽街道
陸軍奉行竹中重固を将に歩兵一大隊、桑名藩兵
淀本営
総督老中格大河内正資を将に兵一小隊、大垣藩兵
大坂城警備
陸軍奉行並大久保教寛を将に歩兵一小隊、銃隊二十小隊

これが主力部隊で、ほかに和歌山、姫路、松山、鳥羽、彦根、兵庫、天王寺、天保山《てんぽうざん》、大津などに配置した。

対する薩摩藩は約三千、長州藩は千五百である。慶喜は圧倒的に優勢な兵力に頬を緩めた。

明けて正月三日、討薩の表を手にした幕府大目付、滝川具挙《たきがわともたか》が、京都見廻組に守られて鳥羽街道を進んだ。

幕府の大軍が進撃を開始すれば、薩摩は戦わずして道を開ける。幕府方は誰もが信じて疑わなかった。またしても情報量の決定的な不足である。

薩摩の西郷は大砲隊を前面に潜ませ、いまや遅しと砲撃のタイミングをはかっていた。しかし戦いはときの運である。負けた場合は幼帝とともに都落ちし、長期戦に出る覚悟を決めていた。いずれにせよ西郷の手中には帝がいる。これは大きなカードであった。

正義の軍、官軍の旗印である。

密かに錦旗《きんき》を作り、各軍に配ることも忘れなかった。ウルトラCの作戦である。必死の覚悟と漫然と兵を進める幕府軍との間に、はなはだしい差があった。

幕府軍は長州との戦争で、相手の強さを十分に知っているはずだった。それがまったく生かされていない。相手の動きを正確に把握し、作戦を立てたふしが見当たらないのだ。

これは慶喜一人の責任ではない。作戦参謀である幕府陸軍奉行竹中重固以下佐久間信久、高力忠長らの甘さである。会津藩の戦略も見えてこない。

慶喜の側に立つと、気の毒としかいいようがない。西郷のような参謀がいないのだ。

それが滝川具挙の行動に端的に表れている。滝川と護衛の京都見廻組は鳥羽街道の関門で、

「京に入る」

「いや断る」

と薩摩藩兵と押し問答を繰り返していたが、らちがあかない。

午後五時、滝川は強行突破を決断した。

その際、幕府歩兵に戦闘配置につくよう指令を出すべきだった。しかし命令はなかった。滝川の後ろに漫然と並んでいるだけである。薩摩はこの瞬間を待っていた。

ドーンという轟音とともに砲弾が幕府歩兵の間に炸裂した。

滝川の馬は滝川を振り落として狂奔し、幕府歩兵は虚を突かれて大混乱に陥った。

そこへ雨霰《あめあられ》と銃弾が撃ち込まれた。逃げ惑う幕府歩兵と比し、京都見廻組は抜刀して勇敢に戦いを挑んだが、薩摩兵の包囲網のなかに突っ込んでいたずらに犠牲者を出し、幕府軍は初戦で思いもかけぬ惨敗を喫した。

幕府歩兵の小銃には弾が装塡されておらず、虎の子大隊は烏合の衆となって散乱するの

である。

会津藩兵の突進

会津藩兵の主力は伏見街道に布陣していた。鳥羽街道から砲音が轟いたため伏見の会津藩大砲隊は、ただちに砲撃を開始した。

大砲奉行林権助は六十余歳、白髪の老兵である。大砲三門を発射して応戦したが、敵は目の前に迫った。

「ええい、面倒じゃ。槍を入れよ」

自ら槍を振るって突撃した。

敵は物陰から盛んに銃を浴びせる。そのまっただなかに会津兵が突撃した。無防備極まりない戦法である。たちまち敵の餌食になった。

組頭中沢常左衛門が真っ先に倒れ、権助も顔面に重傷を受け、たちまち苦戦に陥り、ついに退却を余儀なくされた。

薩摩兵は砲隊と銃隊が中心で、槍で突撃するという旧式の戦法はとらず、会津藩の突撃はまさに思うつぼであった。

会津藩はまんまと罠にはまり、いたずらに死傷者を増やしていった。

薩摩や長州の武力を十分に知っているはずの会津藩が、旧態依然たる戦法しかとらなかったとは、信じがたいことであった。

会津最強の佐川官兵衛率いる別選隊も銃はほとんどなく、槍と刀で戦っている。会津藩にもどこかに致命的な欠陥があった。砲兵隊長が六十歳では激しい戦闘にはたえられない。

敵が銃を構えて待ち構える敵陣に、槍で突っ込む戦法は完全に一時代前のものであった。すべては時代認識の欠如である。会津藩の突撃に頼らざるをえないところに、幕府陸軍のだらしなさもあった。

慶喜のお膝元の水戸兵の姿はどこにもなく、慶喜は部下に恵まれない不運な将軍であった。

四日、幕府軍は戦列を立て直し、鳥羽、伏見両街道から大挙して反撃に出た。

今度は死に物狂いである。ここで負ければ幕府はない。しかし、またも薩長軍の待ち伏せに遭い、歩兵奉行並佐久間信久と歩兵頭窪田《くぼた》鎮章《しげあき》が戦死し、指揮官を失った兵は、われ先に逃げ、虎の子の二大隊が壊滅した。

この大隊は大坂で編成したもので、兵のなかに敵の間者が潜み、佐久間と窪田は後ろから撃たれたといわれ、兵の質にも問題大ありだった。西郷の捨て身の作戦にやられたのである。

官軍対賊軍の戦い

幕府軍の劣勢が伝えられると、大坂は阿鼻叫喚《あびきょうかん》の巷《ちまた》と化した。京橋辺の市民は家財を舟に積み、どんどんと逃れて行く。怪我人が次々と運ばれてくるのを見て、市民も兵も恐怖に顔を引きつらせ、幕府敗戦の声が大坂に充満した。

四日の夕刻、主君稲葉正邦が幕府老中の任にある淀藩が突如、薩長に寝返った。

この日の朝、仁和寺宮嘉彰《にんなじのみやよしあき》親王が錦旗を手に都を出発したことが分かるや、幕府の敗戦は必至と見て、身の安泰をはかったのである。

土佐藩主山内容堂は、この戦いを幕府と薩摩の私闘とみたが、錦旗が掲げられるに及んで状況は一変し、土佐も参戦した。官軍対賊軍の戦いとなっては、勝ち目が薄い。

慶喜は呆然としてこの知らせを聞いた。

朝敵の汚名がいかにハンデとなるか。慶喜は誰よりも知っている。西郷の鮮やかな必殺技であった。

「お前らは勝てるといったではないか」

慶喜は幕府陸軍の参謀たちを怒鳴った。

「いや、まだ負けてはおりませぬ。関東の兵が続々上京しており、ここは辛抱が肝要かと」

老中首座板倉勝静が慶喜をなだめたが、慶喜の顔は空《うつ》ろだった。このままでは幕府が瓦解する。

「将軍が陣頭指揮をとれば、たちまち挽回いたそう」

会津の将兵は執拗に食い下がった。

逃げれば会津兵に殺されかねない。

慶喜は演技を試みた。

慶喜は大坂城大広間に将兵を集め、一世一代の大演説を行った。

端正な顔が赤く上気し、

「事ここに至るは残念至極である。しかし、たとえ千騎戦没して一騎となろうとも退くべからず。決して中途でやめるべきにあらず。皆の者、死を決して戦うべし」

と声涙《せいるい》ともに下る演説を行い、皆に感動を与えた。慶喜を先頭に戦うことが出来るのだ。将兵たちは将軍の叱咤激励を受けて全身に活力をみなぎらせ、

「おおう」

と雄叫《おたけ》びをあげた。

しかし、慶喜の内面は一刻も早く大坂を逃れ、江戸に帰りたい、その思いでいっぱいだった。

慶喜は錦旗が上がったと聞いたときから、居ても立ってもいられない焦燥感にとらわれていた。勝てば自分は再び将軍の座を手にすることが出来る。

しかし、負けたらどうなる。

自分の首はもとより徳川家がなくなる。

そう考えると弱気の虫が首をもたげた。

神保修理の報告

その時である。

会津藩の参謀神保修理がきて、戦況の不利を伝えた。

「速やかにお東帰ありて、おもむろに善後の策をめぐらさるべし」

神保がいった。事実関係はよく分からない。神保がそんなことをいうはずがないとの見方もある。ともあれ慶喜にとってこれは救いの神であった。

「会津、桑名藩を諭しきれず、勝手にしろといったため、こうなってしまった。すべからく失敗であったと後悔していたおりの神保の建議である。これを利用して江戸に帰ることを思い付いた」

慶喜は回想する。

自分は戦をする気はなかったのだ。そこにうまい具合に神保が現れたという論旨である。

慶喜は逃亡を決断した。

ここにいたら西郷に殺される。

慶喜はワナワナと震え、ここを逃げ出すことを考えた。

残された兵はどうなるのか、慶喜は自分が逃げ出すことしか頭になかった。

逃げの慶喜である。

慶喜は部下を見捨て、松平容保と幕府閣僚を連れて、密かに大坂城を抜け出し、天保山沖に停泊している幕府軍艦を目指す行動に出た。

もともと自分は戦などしたくなかったのだ。会津が勝手に始めたのだ。責任を回避するいつもの癖が出ると、もう止まらない。

戦えと叱咤激励したのも慶喜である。

へなへなと腰砕けになるのも同じ慶喜である。いつものことながら慶喜は右に左に揺れた。

恐怖観念に取りつかれた慶喜は大坂城脱出を決断した。

これに惑わされる周辺は堪らない。

会津藩首脳はこれまで何度も慶喜に煮え湯を飲まされていたので、危機意識は人一倍強かった。

慶喜の変節を防ぐには、ともかくも勝つことである。兵は疲れきっており、火急速やかな援軍が必要と会津藩の首脳は考えた。

そこで会津藩は紀州藩に救援を求める使者を派遣した。しかし、ここでも意外なことが起こった。

紀州公徳川茂承は大坂の状況をつぶさに聞いたあと、

「兵を大坂に出し、城下が空になれば、賊徒が和歌山に攻め入るであろう。故に出兵は出来ぬ」

と言って黙りこくった。

会津の使者はあまりのことに呆然となったが、このまま引き下がることは出来ない。必死に食い下がり、兵、弾薬を出すとの確約を得たが、そこに、慶喜逃亡の知らせが入り、すべては水泡に帰した。

部下を捨てて逃亡

慶喜は六日夜、十時過ぎ、密かに大坂城を抜け出した。数時間前に戦えと全軍の士気を鼓舞した当の本人が逃亡をはかったのだ。

「余は出かける。ついて参れ」

会津藩主松平容保は、

「何事ならん」

慶喜について城門を出ると、向かった先は天保山の海だった。

ここで慶喜逃亡を知った松平容保は息をのんでたじろいだ。

幕府、会津の将兵は前線で死を懸けて戦っている。将たる者が部下を捨てて逃亡していいものか。容保が躊躇《ちゅうちょ》すると、

「余に深謀がある。命令である」

慶喜は強硬であった。

容保はここで毅然とした態度で断るべきだったが、将軍の命令である。

容保はまるで催眠術にかけられたように、ふらふらと慶喜に従った。

実弟の桑名藩主松平定敬は勿論、老中首座板倉勝静、老中酒井忠惇《さかいただとし》、大目付戸川安愛《とがわやすちか》、目付榎本道章《えのもとみちあき》、外国奉行山口直毅《やまぐちなおき》らもまるで夢遊病者のように慶喜の後に従った。

情けない光景であった。

慶喜周辺の人々はそろいもそろって責任者としての使命感、責任感、道義感、倫理観に欠けていたというしかない。

幕閣は慶喜をとめる人など一人もいないイエスマンの烏合の衆に成り下がっていた。

せめて会津藩主だけには止まってほしかったと思うのだが、容保も病弱な主君である。混乱につぐ混乱で判断力を失っていたのであろうか。

近侍の神保修理にだけ告げ、ふらふらと慶喜に従ってしまった。

慶喜らは大坂湾に浮かぶ幕府海軍の旗艦、開陽丸に乗り込み、そのまま江戸に逃げ帰った。

これを知った会津兵は激怒し、慶喜逃亡の責任を問われた神保修理は、自決に追い込まれる。気の毒の限りだった。惨殺されたという噂もあり、藩内は大混乱に陥ったことは間違いなかった。

幕府瓦解

江戸城の人々が慶喜の東帰を知ったのは、正月十一日のことである。

勝海舟は驚いて浜御殿の海軍所に迎えに出た。

「はじめて伏見の顚末を聞く。会津公、桑名公ともにお供にあり、詳細を問うても誰も口を開くものはない。いずれも顔色は真っ青で、互いに目を見合わせるだけだった」

海舟は日記にこう記している。

海舟は堪りかねて、

「何ということだ。あんたがた、どうなさるつもりだ。だからいわねえこっちゃねえ」

と、板倉を見つめて啖呵《たんか》を切った。

「上様の御前であるぞ」

板倉がいったが、海舟はお構いなしに、なおも「まったく」と罵った。

かくて江戸城は上を下への大騒ぎである。

混乱の模様を福沢諭吉が『福翁《ふくおう》自伝《じでん》』に書いている。

「慶喜さんが京都から江戸に帰ってきたというその時には、さあ大変。朝野共に物論沸騰して、武家は勿論、長袖の学者も医者も坊主も皆、政治論に忙しく、酔えるが如く狂するが如く、人の顔を見ればただその話ばかりで、幕府の城内に規律もなければ礼儀もない。平生なれば、大広間、溜の間、雁の間、柳の間なんて、大小名のいる所なのだが、皆そこに集まり、ゴロゴロ胡坐《あぐら》をかいて怒鳴る者もあれば、そっと懐から小さいビンを出してブランデーを飲んでる者もあるというような乱脈になり果てた」

ころころ変わる慶喜である。

慶喜は二、三日すると、再び意欲を取り戻し、フランス公使ロッシュから幕府を支持する旨を取り付け、関東の地に立て籠もり、決戦を挑む意向を示した。

十三日の朝、幕府は大評議を開催、勘定奉行小栗上野介や歩兵奉行大鳥圭介《おおとりけいすけ》らが幕閣の弱腰を罵倒し、慶喜の奮起を望んだが、慶喜は主戦派の小栗を罷免する動きに出て、恭順を変えなかった。

近江商人の目

小杉屋元蔵《もとぞう》という近江商人がいた。江戸大伝馬町で仕入れた毛織物や綿織物を京、大坂、近江へ売りさばく旅商人である。

元蔵は天保八年（一八三七）彦根善利《せり》村に生まれ、四歳で父を失い、十歳で母に死に別れ、たった一人の姉も他界した。

孤児になった元蔵はほど近い位田村の小杉甚右衛門の店に丁稚奉公に上がった。十五歳で元服し、元蔵を名乗った苦労人だった。

文才もあり、十八の頃から仏書に親しみ、旅先で見聞したことを書き留めるようになった（佐藤誠朗《しげろう》著『近江商人幕末・維新見聞録』）。

幕末維新は元蔵にとって格好のネタであり、筆にも力が入り、書きまくった。

慶応四年元旦、元蔵は京都堺町の店で三十二歳の新春を迎えた。三日に伏見の方角に黒煙が上がり、鳥羽伏見の戦いが起こったことを知った。

元蔵は早速伏見に向かい、戦場跡をつぶさに見て回った。討ち死にした関東勢の遺体があちこちに散乱し、取り巻いた人々が、

「朝敵めが、ここにも死んでいる。あそこにも死んでいる」

と悪口を浴びせていた。

幕府の人気はガタ落ちだった。

元蔵は伏見奉行所に行き、戦争の模様を聞くと、

「屯所屋敷に四方八方から焼き玉を打ち掛け、逃げ出した者を薩摩と彦根が打ち取った。たむろしていた新選組、会津勢三百八十余人はことごとく息絶えた。新選組はこの夜を一期としてなくなった」

淀城下では桑名藩から分捕った大砲数十門、小銃数百挺を薩摩の陣所に引いて行く人足の群れに会った。手が足りないというので、今度は人足に変身、大砲を引くのを手伝った。戦は段々、大坂のほうに移っていた。

元蔵も、大坂城に向かい、徳川家歩兵隊の落ち武者に話を聞くと、鳥羽の合戦で幕府歩兵三、四隊五百七十八人が討ち死にしたという。

それだけではない。慶喜公と容保公が蒸気船を召されてフランス国に落ちて行かれたという。

庶民が薩長に味方し、快哉を叫んでおり、元蔵は、

「何事も時節とはいえ、盛衰の早さに感じ入り候」と手帳に記した。

庶民は完全に幕府を離れ、薩摩に拍手を送っていたのだった。

元蔵の記録の凄いところは、ずばり核心をついていることで、戦火が次第に関東から東北に広がると聞いたとき、

「いま必要なのは、御親征ではなく、年貢半減、株の廃止である。そうなれば民塗炭の苦しみもなく、四界は安穏、上下とも栄え、交易も盛んになり、親子兄弟夫婦、友人も睦まじく、天皇の御恩沢《ごおんたく》を喜び暮らせるだろう」

と書き記した。

庶民が徳川幕府に嫌気がさし、厳しい目で見つめていたことが分かる貴重な記録だった。

第八章　逃げる慶喜

江戸城大混乱

一方、江戸城では、

「このままでは幕府の名がすたる、ここは戦うべし」

と海軍の榎本武揚《たけあき》や陸軍の大鳥圭介らが声高に叫び、勝海舟も軍艦を率いて駿河湾や摂海を奇襲すべしといった。

「余もそう思う」

慶喜は大見得を切ったが、大奥で女たちに囲まれると、急に熱意がなくなり、身の保全ばかりを考えた。慶喜がもっとも恐れたのは自分の首と徳川家の取り潰しである。

慶喜は薩摩の出の十三代将軍家定《いえさだ》公の未亡人である天璋院《てんしょういん》と前将軍家茂公の未亡人の静寛院宮《せいかんいんのみや》に西郷への恭順の斡旋を依頼し、戦々恐々だった。

これには勝海舟もあきれはて無言を貫くと、慶喜は、勝海舟を海軍奉行並に抜擢し、さらに陸軍総裁も兼任させ、無傷の幕府海軍をフルに使って有利に講和を進めるよう命じた。

海舟は西郷と何度も会ったことがある。昵懇《じっこん》の仲である。海舟が幕閣のトップに立ったのである。もっとも敗戦処理内閣だが、これも時代が生んだ異例の人事であった。

敵の大将、西郷隆盛は江戸に攻め上り、慶喜の首を取り、幕府を倒すと宣言した。

幕府の陸軍は鳥羽伏見で西郷の軍隊に大敗し、立ち上がれない状態である。しかし艦隊は残っている。

海舟は早速、ロッシュに外交の側面からの支援を依頼した。

もし江戸に攻め込むとならば、こちらも全力で阻止する。そうなれば薩長も多大の犠牲を出すことになり、日本は本格的な内戦に突入することになろう。

そうなれば諸外国の介入も必至で、清国のように植民地化の危険にさらされる。

それでいいのか、それが海舟の脅し文句だった。

うまく行けば薩長、幕府の連合政権におさまる可能性がないわけではない。至難の業ではあるが、慶喜は最後の賭けに出た。

慶喜はロッシュに十九日、二十六日、二十七日の都合三回も会い、あらゆる手を尽くして徳川の生き残りをはかった。

慶喜はロッシュにお土産も約束した。

薩長と幕府の和解が成功し、新国家が誕生した暁には、武装は全面的にフランスに発注するという約束も忘れなかった。

逃げの慶喜にしては鮮やかな戦略だった。

慶喜も只者にあらず、頭の回転は速かった。

戦争が回避されれば、日本と諸外国との貿易は進展する。外交団にとってもそれがベストの道であり、イギリスも賛成するであろうとロッシュは説いた。

慶喜はロッシュにすがり、朗報を待った。ロッシュは二月早々、京都に向かい、薩長新政府の外国事務総督の伊予宇和島藩主伊達宗城や公家の東久世《ひがしくぜ》通禧《みちとみ》らに訴えたが、イギリス公使パークスが、首を振らなかった。

パークスは慶喜に寄せた期待は誤りだったと反省し、天皇こそが日本を代表する政権と認めた。この時点で慶喜とロッシュの共同戦略は破綻した。

幕府支持のフランス外交が薩長支持のイギリス外交に敗れたのである。

慶喜が頼る人間は、薩長に顔の広い勝海舟をおいてほかに、まったくいなくなった。

「余はいかが致すべきか」

慶喜が問うと海舟は、

「もはやご謹慎しか道はございません」

といった。

慶喜がもっとも恐れたのは己の首と徳川家の取り潰しである。

周囲には誰もおらず、ワナワナ震えだした。

「余は将軍である」

慶喜は海舟に抵抗したが、

「西郷と交渉いたすにせよ、上様にはご謹慎いただきませんと話が進みませぬ」

海舟は強く説き、慶喜も諦めざるをえなかった。二月五日には松平春嶽に、

「伏して朝裁を仰ぎ奉り候」

と嘆願書を送り、十二日には上野寛永寺の大慈院に移って謹慎の意を表した。

江戸城を離れる慶喜の心は無残であった。

いささかの懸念はあったが、これほどひどい貧乏くじを引くとは、夢想だにせぬ徳川家の転落である。

家臣たちは涕泣《ていきゅう》して慶喜を見送った。

勝の腹芸と西郷の深慮

海舟が幕府の後始末をすることになるなど一体、誰が想像したであろうか。

「あの野郎っ、身分をわきまえず出しゃばりやがって」

と幕閣から白眼視されていた海舟だが、西郷と談判できる人物は他に誰もいない。海舟は誰はばかることなく終戦処理に没頭した。

思えば海舟にとっても意外なことであった。

従来、閣僚は皆、門閥の出であった。

禄わずか四十俵、旗本小普請の小吉の長男として生まれた海舟は、決して恵まれた環境に育ったわけではない。しかし父親の小吉《こきち》は無類の教育熱心で、剣道を習わせ免許皆伝の腕前に仕上げ、ついで蘭学がこれからの学問だと知るや息子を著名な蘭学者に付け、その結果、息子は長崎の海軍伝習所に入ることができ、あとはトントン拍子である。

浮き沈みは無論あるが、軍艦咸臨丸の艦長として太平洋を横断したことが、海舟の人生を決めた。べらんめえ口調で、いいたいことはずばずばまくし立て、坂本龍馬を子分に従えたこともある無手勝流の男である。西郷とも何度か会い、お互いに好印象はもっている。深窓育ちの慶喜は、そんな海舟を頼もしく思ったが、自分勝手に振る舞う海舟である。敵も多く、一緒に訪米した福沢諭吉などは、「あいつは口だけの男で、自分が軍艦を操って海を渡ったといっているが、とんでもない。船酔いで寝てばかりいた。とんだ食わせ者だ」と嫌い、また「悪いのはあいつらだ。登城に及ばず」と、帰国を命ぜられた会津、桑名の藩兵も海舟には恨み骨髄であった。

「腰抜けめが、叩き斬ってやるわ」

海舟を刺殺せんとする者もいたが、慶喜ははったりをかます海舟にすべてを託すしかなかった。かくて海舟が歴史の晴れ舞台に登場するのである。この頃の海舟の日記に、

「二月十日ごろまでは多事にして徹夜もしばしばだった。来客も日に五十人は下らず、殺気をおびた徒もいた。こうして筆記するのも暗殺されたあとで、この日記を示せば、決して欺いたものではないと知ってもらえるからだ」

とある。海舟は海舟なりに幕府の締めくくり戦略をあれこれ練っていたのである。

次の文章は山岡鉄舟に持参させた西郷への手紙である。

「主君慶喜は謹慎し、恭順を旨としている。にもかかわらず、大軍を向け江戸城総攻撃の

勢いを示しているが、これはいかなる見込みであるか。徳川家はいまなお十二艘《そう》の軍艦を持っている。二艘を大坂に、二艘を九州、中国に、二艘を東海道に、残る二艘を横浜に停泊させれば、我々は十分に戦える。そうせぬのは、天下の大勢を思い、また自分と貴公の友情のためである。江戸の人心は湯のように沸騰していて、とても抑えることは出来ない。いましばらく官軍を箱根の西に止どめおかれたし」

巧妙な脅しである。

西郷はどう出たか。

西郷のもとには天皇の叔母である静寛院宮や皇族の上野輪王寺宮《りんのうじのみや》から慶喜の助命と徳川家存続の嘆願がきていたが、西郷は頑として慶喜切腹を主張していた。そこにこの手紙である。

「諸君はこの手紙を見て何と考えるか。実に首を引き抜いて足らぬのが勝である。恭順の意あれば、官軍に向かって注文することなど無いはずである。勝はおろか慶喜の首も引っこ抜いてやるわ」

西郷は怒鳴ったという。大久保利通も同じで、

「天地に容るべからざる大罪」

として処刑を叫んだ時点では、さしもの慶喜の命も風前の灯であった。

ただし歴史にはいつも謎めいた話が付きまとう。山岡鉄舟が持参したのはこんな過激な

内容の手紙ではなく、

「無偏無党、王道々たり、いま官軍都府に迫るといえども、君臣謹んで恭順の礼を守るものは、我徳川氏の士民といえども皇国の一民たるをもってなり」

という書き出しで始まる国家論であったと、松浦玲の『勝海舟』にある。

日本は天皇を戴く国家である。徳川といえども天皇の民である。天皇の前に恭順するのは当然である。こう海舟にぶつけられると、西郷は大いに困った。

同じ皇国の民が争うべきにあらずとは、なんと巧妙な殺し文句であろうか。

西郷は内心、勝にやられたと兜をぬぎ、「追い返せ」という声もあったが、山岡を待たせ、慶喜謝罪の七カ条を書いて渡している。

一、慶喜を備前岡山藩へ預けること。
一、江戸城を明け渡すこと。
一、軍艦を残らず引き渡すこと。
一、武器すべてを引き渡すこと。
一、城内の家臣は向島へ移り、謹慎すること。
一、慶喜の暴挙を助ける者は厳罰に処する。
一、幕府が鎮撫しきれず暴挙する者があれば、官軍が鎮める。

口では慶喜処刑を叫んでいたが、それに伴う戦火の拡大を懸念し、西郷は密かに慶喜の助命と徳川家の存続を検討していたということだろう。

海舟の腹芸の結果というよりは、国を二分する戦争は避けたいとする思いが西郷にもあったし、イギリスがそれを望まない事情もあった。

英公使パークスに救われた慶喜

海舟は山岡が持ち帰った西郷の七カ条を見て満足した。慶喜の救済と徳川家の存続は可能になったからである。ただし細部に多々問題があった。

第一に慶喜を備前藩に渡すことは絶対に出来ない。最悪水戸藩である。

軍艦、兵器もすべて渡すわけにはいかない。徳川家としての最低の武力は必要である。それは認めさせねばならなかった。

「認められなければ、戦争もやむなし。こちらから江戸の町を焼き払う」

海舟はそう決断し、新門辰五郎に江戸の焦土作戦を立てさせた。西郷がこちらの要求をけり、江戸城総攻撃をかければ、自分の手で江戸の町に火を放ち、刺し違えんとする作戦である。

もうひとつ、海舟は手を打った。イギリスの外交官アーネスト・サトウに会い、止戦工作を依頼して西郷とのトップ会談に臨んだ。

イギリスは日本の混乱を望まないとするサトウの見解は、海舟に自信を持たせた。

会談は江戸城総攻撃を目前にした三月十三日と十四日の二回、江戸高輪の薩摩藩邸と田町の薩摩藩邸近くの橋本屋で開かれた。

海舟は開き直って西郷の提示した案を骨抜きにする回答を持参した。

備前岡山藩は拒否し、水戸藩で謹慎する。江戸城は田安家に預ける。軍艦、兵器は慶喜の処分が決まった段階で、相当の員数を残し、他は官軍に引き渡す。城内居住の家臣は城外に移り住み謹慎する。

慶喜の妄動を助けた者も格別のはからいで寛大な処分とする。ただし領民の暴挙に限って手に余る場合、官軍で鎮圧されたしというものであった。

英国の反対

西郷がこれにどう答えたか。激昂することもなく、いたって静かなものだったという。

それは何故か。やはり英国が戦争反対だったのだ。

江戸城総攻撃に関して、パークスは、

「慶喜は恭順ということではないか。恭順している者に戦争を仕掛けるとは如何なものか」

さらに、

「いまの貴国には政府がない。戦争となれば、なぜ戦争をするのか、我々居留地の外国人には知らせがあって当然だが、何もない。警備の兵を出す話もない。さっぱりわけが分からないので、我が海軍兵を上陸させて守らせている。とにかく恭順した慶喜を討つのは『万国公法』に違反する」

と語っていたという。

フランスが幕府支持から中立に変わって以来、イギリスとしてもこれ以上の混乱は望まなかったのだ。なるべく早く統一国家が誕生し、貿易がスムーズに進めばよい。パークスはそう判断していた。

イギリスに反対されては、武器弾薬の補給にも支障をきたし、江戸城総攻撃どころではない。

かくて西郷の方針は大きく変わらねばならなくなった。

「願わくは箱根以西に兵を止めてもらわぬと、江戸の旗本やら各藩の者どもが騒ぐことになる。明日の攻撃は見合わせてもらいたい」

知ってか知らずか、海舟は強気である。二人の腹芸がはじまった。

「勝さんが相手ではやりにくうごわす」

西郷は海舟に花をもたせ、「恭順となれば、それ相応のところに謹慎してもらいたい。上野であろうと、どこであろうと御勝手に」といって、さらに続けた。

「江戸城はすぐにお渡しいただけるか」

「すぐにもお渡し致す」

「兵器弾薬は如何か」

「それもお渡し致す」

「明日の攻撃だけは止めることにいたそう」

パークスが反対であることなど微塵も表に出さず、西郷が短く答えた。

海舟はしてやったりと喜んだことはいうまでもない。大混乱が避けられ、西郷も攻撃中止を喜んでいるようだったという。

慶喜は海舟の報告を聞いて、安堵した。それ以上、特に望むものはなかった。これで緊張から解き放たれ、慶喜は何年ぶりかで内面のやすらぎを覚えた。

慶喜は境内に咲く花を見て、

花もまた哀れとおもへ大方の
春を春とも知らぬわが身を
このごろは哀れいかにと問ふ人も
とはるる人も涙なりけり

と詠み、ホトトギス（子規）の鳴き声を聞いて、

聞くたびに袖はぬれけり子規
今年ばかりは鳴かずもあらなん

と心情を語り、五月雨を見て、

晴れやらぬ人の心を空に知りて
　雨も今年は降りにふるらん

と詠んだ。そこには自然の動きに身を任せようとするゆとりすら感じられた。慶喜はすんでのところで、パークスに救われたのである。

「豪傑の仕業」と西郷を称えた松平春嶽

西郷と海舟の会談をじっと見つめる男がいた。幕府を見限り薩長の新政府側についた松平春嶽である。慶喜から嘆願書を受け取った春嶽は、八方手を尽くして西郷の手元に届けようとしたが、途中でとどめ置かれ、何ひとつ具体的な行動を取ることは出来なかった。

「慶喜や容保の救解運動をする輩は断固弾劾すべし」

官軍内部には殺気だった空気が流れ、春嶽の側近、中根雪江、毛受洪《めんじゅひろし》らは「傍観すべきだ」と進言、春嶽は何もなしえない立場にあった。天下は完全にひっくり返り、春嶽にはもう何の力もなかったのである。

春嶽は越前を守るだけで精一杯であった。春嶽は明治三年から十年がかりで回顧録『逸事史補』を執筆するが、そのなかでこの談判を次のように記している。

「西郷は勝との密談のあと愛宕山に登って江戸の人家が密集しているのを見て、戦争で何十万の人々が塗炭の苦しみに陥り、密集した人家が焼失するのは哀情の極みであるといって、東下の官軍を品川で止めた。豪傑の仕業、感銘の至りである」

春嶽は西郷を礼賛している。

我に才略なく　我に奇なし
常に衆言を聴き　よろしきに従う
人事　渾如　天道　妙なり
風雷晴雨　あらかじめ期しがたし

春嶽は多くの歌を詠んでいる。この頃の心境を歌った作品である。心の奥に、もはやどうにもならないといった諦めがあった。

大鳥圭介の旧幕府兵、榎本武揚の艦隊、上野の山に籠る彰義隊、会津藩、桑名藩、庄内藩などを除いて幕府支援の声は日に日に小さくなり、人々は次第に無言になっていった。ひとつの体制を根本からくつがえしたという意味で、明治維新はまぎれもなく革命であった。

これほどまでに鮮やかに薩長が勝利し、幕府が瓦解するものであろうか。

佐幕派の人々は信じがたい思いで、世の移り変わりを見つめた。

幕臣からジャーナリストに転じ、『江湖新聞』『東京日々新聞』などで健筆を振るった福地源一郎は、明治二十四年（一八九一）四月から翌年十一月まで三十五回にわたって『国民之友』に何故、幕府は滅んだかを書いている。

幕府は決して倒幕運動によって崩壊したのではなく、幕府内部の自己矛盾によって倒れたと福地は述べた。慶喜に強い姿勢があり、先陣を切って戦えば、これほど無残に敗れることはなかったであろう。海舟は慶喜を冷めた目で見つめたが、福地には諦めきれぬ何かがあった。

奇々怪々の水戸藩事情

こうしたなかで水戸藩はどうなっていたであろうか。

慶喜が大坂に下ったとき、水戸藩の勤王派、本圀寺勢は二条城の警備のため都に残った。このため奇妙なことになった。

大坂から京都に攻め上ってくる慶喜を、自分たちは迎え撃つ立場になったのだ。

「種々の憂念胸中に往来し、死ぬよりも苦しい思いであった」

これは本圀寺勢の兵士の日記だが、何という矛盾であろうか。藩士たちは苦悶した。

慶喜にとっても最悪であった。敵の陣にこちらを討とうとする身内がいるのだ。

何という自己矛盾であろうか。

慶喜はまたしても水戸藩の複雑な藩内事情に、溜め息をつかざるをえなかった。

慶喜が軍艦で江戸に逃げ帰ったことを知った本圀寺勢は、いかにすべきか、論議を重ねた。

「慶喜公が暴走したのは会津に引きずられたためだ。尾張、越前に頼んで慶喜の冤罪《えんざい》を晴らさん」

「王政復古は斉昭公のご意志である。ただちに東征軍に加わるべし」

「藩内の幕府支持派（門閥派）が台頭すれば、水戸は朝敵となる」

慶喜か、朝廷か、水戸藩か、論議はいずれに忠誠をつくすべきかで激論となった。

結局、本圀寺勢は水戸本国の幕府派討伐を掲げて江戸に向かった。薩長にとってもそのほうがありがたかった。

その数二百二十三人。彼らは江戸に到着するや、江戸藩邸を占拠し、勤王の旗印を高々と掲げ気炎をあげた。恭順の意を表した慶喜にとっては、一転して心強い味方となったが、水戸の本城を固める門閥派にとっては、不愉快極まりない連中であった。

慶喜は心ならずも恭順しているに過ぎないとする市川三左衛門《いちかわさんざえもん》ら門閥派は、旧幕府の主戦派や会津藩とともに薩長と一戦を交えるべく準備を進めていた。

慶喜の足元は大揺れである。慶喜はその水戸へ帰るのだ。

前途はまだまだ多難であった。

江戸開城と旧幕兵の脱走

慶喜にはもはや何の指導力もなかった。

幕府のすべてを仕切る海舟は、主戦派をどんどん江戸の外に出した。体のいい追放劇である。

新選組もそのひとつである。近藤勇を大名に取り立て、甲陽鎮撫隊《こうようちんぶたい》を結成させて甲府城に向かわせた。しかし途中、勝沼で官軍と戦火を交える羽目になり、さんざん打ちのめされて舞い戻った。

もう江戸にとどまる場所はない。関東に逃れ、近藤は千葉の流山で捕らわれ、斬首される。

このとき、土方歳三《ひじかたとしぞう》が海舟と会い、近藤の助太刀を頼んでいる。

二人は昨今の情勢をいろいろ話し合ったであろう。何を話したかは、知るよしもないが、狡猾な海舟のことである。大鳥や榎本を助けて薩長に一泡吹かせよと、耳元でささやいたかもしれない。あるいは江戸で騒乱を起こしてはならぬと、頼んだかもしれない。

これに対し土方は、会津を頼るといい、海舟は会津には期待が持てないといったかもしれない。

会津や桑名藩、庄内藩は朝敵のレッテルを張られたまま国元に帰された。慶喜も海舟も放置したままである。慶喜の命が助かり徳川家が存続できれば、後はどうなっても構わない。いってしまえば、そんなやり方であった。

土方はわずかの兵と共に、大鳥圭介が率いる旧幕府脱走兵の軍に加わり会津に向かうが、江戸を無血開城させるのに、邪魔になる者はすべて出て行ってもらうのが海舟のやり方であった。

居心地の悪い水戸での謹慎

慶喜が上野寛永寺を出て、水戸に向かったのは慶応四年四月十一日である。

「公は積日の憂苦に顔色憔悴して、髭は蝟毛（はり鼠の毛）のごとく、黒木綿の羽織に小倉の袴を着け、麻裏の草履を召されたり。精鋭隊、遊撃隊、彰義隊など二百人ほどが護衛せり。拝観の人々、悲涙胸を衝き、嗚咽して仰ぎ見る者なかりき」

『徳川慶喜公伝』はこの日の模様をこう記している。

敗軍の将の惨めさはいつの世も同じである。江戸城中の金も底をついており、新門辰五郎が二万両を持参し、慶喜の当座の賄い費に当てる窮乏ぶりであった。

大久保利通が慶喜を水戸にやるのは「虎を山に放つ」ものだと不安を漏らしたこともあってか、弘道館のなかで目立たぬように過ごした。

水戸藩首脳も藩内に動揺があっては、どのような処分を受けるかも分からず、「家中一統相慎むよう」通達が出され、軽挙妄動を戒めたので、慶喜にとって居心地のいいものではなかった。

近づく人もなく『水戸市史』の幕末維新編にも、ほんの数行記載されているだけである。海舟は慶喜の水戸滞在は出来るだけ短期間とし、徳川家発祥の地、駿府に徳川家の再興を目論んでおり、慶喜は一日千秋の思いで海舟からの連絡を待った。

第九章　奥羽越列藩同盟

幕府の生贄にされた会津

慶喜の水戸謹慎で、幕府は一大名に転落し、家康の再来とまでいわれた慶喜の政治的生命は終わった。

これは慶喜の責任というよりは時代の流れであった。

士農工商という階級制度は根本的に崩壊し、いまや渋沢栄一に代表される商業の時代の到来であった。慶喜は三十歳を超えたばかりの若さで、葬り去られたのである。

日本の歴史上、例のない引退であった。信長は本能寺の変で謀反に遭って倒れたが、秀吉は天下統一を果たし、家康は類いまれな長期安定政権の基礎を築いた。その政権を十五代の慶喜が戦うこともせず、敵に後ろを見せて逃走し、すべてを棒に振った。

慶喜は辛うじて一命は取り留めたが、無様な形での徳川幕府の崩壊であった。

これが日本の近代史のはじまりである。

だが、ここに意外な事態が持ち上がった。会津追討令である。慶喜が逃げたので、そのあおりを食って会津藩が犠牲になった。

真面目一徹、京都守護職として孝明天皇に仕え、孝明天皇から絶大の信頼を得たのが会津藩だった。

孝明天皇の絶大な信頼を受け、公武一和が実現するところまで来ていたが、そこに降って湧いたのが、孝明天皇の奇怪な死であった。

天皇の奇怪な死に方については、毒殺を主張する人が多い。

幕末維新史家、石井孝もその一人である。石井は横浜市立大や東北大、津田塾大などで教壇に立った幕末維新史の研究者である。代表作『明治維新の国際的研究』は維新史研究のバイブルといってよい渾身の作品である。

私が学んだ東北大学の国史学科には当時、二人の教授がおられた。米国スタンフォード大学大学院で客員教授として日本の封建社会を論じた豊田武教授と、石井孝教授のお二人である。

私は二人の教授から薫陶を受けたが、石井教授は厳しい方で卒業論文の審査のときは欠点をびしびし指摘され、汗だくだったことを思いだす。

石井教授は孝明天皇の死について従来の諸説を洗い直し、英国の史料、側近たちの日記や典医の伊良子《いらこ》光順《みつおさ》の記録やメモを検証し、疱瘡による死ではないとし『幕末悲運の人々』で、毒殺説を主張された。

天皇は正午の薬を服用して数時間たった夜七時頃、女官が、

「お上が、お上が」

と血相変えて医師のところに駆け込んだ。

五人の当直医が慌てて御寝所に向かうと、天皇は激しく咳き込んで吐血し、顔も真っ青である。典薬寮《てんやくりょう》の医師も駆け付けたが、手の施しようがない。

間もなく天皇は胸をかきむしりながら意識を失い、息を引き取られた。これは明らかに毒殺だと石井教授は主張した。

それでは一体、誰が何の目的で天皇の毒殺をはかったのか。毒を盛った実行犯は女官の一人だが、毒を盛らせた黒幕は誰か。

孝明天皇は徹底した幕府支持者だった。尊王攘夷がゆきづまり、開国に転じても幕府支持の姿勢は変わらなかった。薩長や朝廷内部の討幕派にとって、最大のネックは天皇そのものであった。

石井教授はずばり黒幕は岩倉具視《いわくらともみ》だと指摘した。

岩倉は天皇の死に接すると、

「進退ここに極まり、泣血鳴号、無量の極み」

と最大級の哀惜、落胆の意を表したが、それは隠蔽工作で、「後に討幕の密勅を作成している。真っ黒だった」と石井教授は指摘した。

病死説の代表的なものは歴史家吉田常吉博士で、大久保利謙《としあき》博士とともに「真相はなかなかつかめない」としながらも病死説を主張した。

明治維新はそうした暗黒の部分を秘めており、会津藩は内幕を知り過ぎたゆえに、幕府の生贄となって追討される悲運をたどることになると、石井教授は指摘した。

慶応三年の話だが、明治天皇の枕もとに昼夜を問わず、孝明天皇の亡霊が現れるという噂がたった。公家たちはあわてて怨霊退散の加持祈禱を行った。孝明天皇の死に関して、ただならぬ雰囲気が朝廷内にあったことは事実である。

徹底抗戦叫ぶ会津

京都で慶喜を支え、いつも先鋒として戦ってきた会津藩にとって、慶喜の恭順は思いもよらないことであった。京都守護職として六年間も京都で苦渋をなめ、その結果が鳥羽伏見の敗戦であり、幕府の瓦解であった。

しかも慶喜は、会津藩にすべての責任があると責任を転嫁し、薩長の矛先を会津に向けさせた。

慶喜はそういう陰謀も得意とする卑怯な人物だった。

会津藩主松平容保は、このとき三十四歳。子供はなく慶喜の弟余九麿《よくまろ》を養子に迎え、余九麿は前年六月、慶喜のまえで元服、喜徳《のぶのり》を名乗った。

にもかかわらず慶喜は会津藩を見限り、自分はさっさと仏門に入り、会津藩に責任を負わせる卑怯な態度に出た。

窮地に追い込まれた会津藩兵は、死して汚名を雪《すす》がんと、討幕派に立ち向かった。

会津藩は当初から徹底抗戦を叫んだわけではなく、薩摩藩と和平交渉も試みていた。

担当したのは公用人広沢富次郎で、広沢は江戸の薩摩藩邸に西郷を訪ね、和平交渉も進めようとした。しかし監禁され、和平交渉の道は閉ざされた。

西郷や大久保ら薩長首脳は会津を叩くことで、全国制覇の実をあげるべく、容保の首と会津開城を求めた。

幕府関係者は会津藩を差し出すことで、薩長の戦意を会津に向けさせた。

会津は二重、三重の犠牲者だった。

窮地に陥った会津藩をリードしたのは家老梶原平馬《へいま》である。京都で鳴らした外交方の責任者で、まだ二十代の後半の若者だった。

実兄の内藤介右衛門《すけえもん》も同じ家老で、武闘派で鳴らした人物だった。

年配の家老たちが鳥羽伏見の責任をとって失墜したことで、梶原ら若手が国難に立ち向かうことになった。

慶喜に帰国を命ぜられた会津藩主従は、二月十六日に江戸を立ったが、帰国に際し、容保は養子の喜徳に家督を譲って隠居を表明、上野寛永寺の輪王寺宮《りんのうじのみや》や尾張家以下二十二藩を通じて恭順の嘆願書を出した。

梶原平馬は江戸に残り、長岡の河井継之助《かわいつぎのすけ》や横浜の武器商人スネル兄弟らの協力を得て、会津藩の軍事力の強化に努め、奥羽越の諸藩と連携することで薩長と対峙する策に出た。

最初に会津と連携したのは庄内藩である。

庄内藩は江戸市中警備の任にあり、職務上、江戸を荒らし回る薩摩の浪士を追い、その隠れ家となっていた薩摩藩邸を砲撃した。そのことで庄内藩も朝敵のレッテルを張られた。

江戸家老松平権十郎は、

「会津と庄内が軍事同盟を結べば、その輪は仙台、米沢と広がって行くだろう」

と会津藩を勇気づけた。

大樹、連樹を捨つ

将軍慶喜の裏切りに遭い、失意のどん底にあった会津藩にとって、庄内藩の意向は涙が出るほどありがたいことであった。

最悪の場合を予測し、横浜の武器商人スネル兄弟から大量の武器弾薬を購入した梶原は、容保の実弟桑名藩主松平定敬や長岡の河井継之助と一緒にスネルがチャーターした汽船に乗り、新潟経由で会津に帰ったのは三月であった。

河井が日本に三門しかなかったガットリング機関砲二門を越後に持ち込んだのはこのときである。

会津と長岡藩は以前から越後・会津同盟の模索をしており、今度のことで一気に盛り上がった。

河井も今回の政変は納得出来ないとし、いざとなれば会津を支援すると語り、梶原にとって、これほど頼もしい味方はなかった。

船のなかで梶原と河井は日々、奥羽越の未来を語った。薩長を押し返し、自分たちも参画した新しい日本国の建設である。

二人は奥羽と越後が軍事同盟を結び、スネル兄弟を軍事顧問に迎えて、戦略スタッフの補強に加え、旧幕府陸海軍が参戦すれば、十分に勝機はあると踏んだ。その戦略基地は新潟で、港を開いて外国との交易を盛んにし、奥羽越の産業を興し、軍事物資の補給も行うとした。

薩長同盟に比べれば遅きに失した感もあるが、目指すは広範な反薩長軍事同盟の結成である。

梶原には、会津藩の誇りと反骨の精神が貫いていた。

奥羽に暗雲が漂ったのは、三月である。

奥羽鎮撫総督府が設置され、総督九条通孝《くじょうみちたか》らが仙台に上陸した。仙台藩の手で会津を討てという理不尽な命令であった。

総督府を仕切る参謀は、薩摩の大山格之肋と長州の世良修蔵《せらしゅうぞう》である。大山は庄内攻撃を担当し、世良は会津攻撃の責任者としての仙台入りであった。

仙台藩校・副学頭、玉虫左太夫の登場

仙台にとって、それは降って湧いたような災難であった。中央の政治に背を向け、奥羽

の保守的な風土に安住してきたつけが、ここに来て噴出したのである。

仙台は伊達政宗を藩祖とする外様《とざま》の雄藩である。現在の宮城県、岩手県の南部に広大な領地を持ち、石高は六十二万石、実質百万石の大大名である。

しかし、中央に出る機会もないままに、幕府崩壊を迎えてしまった。気づいたとき、天下はひっくり返っていたのである。仙台藩士たちの怠慢といってよい。

これは東北にとって大きな損失であった。後手後手に回る結果を招いたからである。

その仙台藩にも何人かの憂国の士はいた。保守的な仙台藩の藩風に飽きたらず、脱藩同然で江戸に出奔、幕府外国方にもぐり込んだ玉虫左太夫《たまむしさだゆう》もその一人である。

玉虫は万延元年（一八六〇）に訪米し、先進国の状況をつぶさに学んで帰った、希有な体験の持ち主だった。

日米修好通商条約の締結のための遣米使節に加わり、アメリカの軍艦で太平洋を渡ったもので、帰国後、『航米日録《こうべいにちろく》』という優れた報告書をまとめ、一躍注目を集めた人物である。

この頃は仙台藩校養賢堂《ようけんどう》の副学頭を務めていた。正式にいうと指南統取《しなんとうどり》である。

仙台に進駐し、養賢堂を接収した総督府の軍隊は日夜、市内を徘徊し、仙台の手で会津を討てと檄を飛ばした。

学生たちは「理不尽だ」と反発し、市民たちも薩長軍の荒っぽいやり方に驚いた。

仙台藩校養賢堂は代々、西磐井郡中里（岩手県一関市）出身の大槻家の人々の手で運営されてきた。

大槻家は、一関藩の藩医で三代前に玄沢が出て一躍有名になった。玄沢は蘭学者杉田玄白の高弟で、オランダ語の入門書『蘭学階梯』を起草し、さらにフランスの百科事典の蘭訳本の邦訳に取り組み、多くの門人を育てた。

幕末時の学頭は玄沢の次男磐渓《ばんけい》である。

磐渓も薩長の暴挙を怒った。

「王政復古、御一新のおり、会津征討とは合点がゆかぬ。徳川家は恭順し、会津も深く悔悟し、嘆願書を提出したと聞く。かつて御所に発砲した長州は、首謀者三人の首級で寛典となったではないか」

といって仙台藩の手による会津征討に反対を表明した。磐渓は薩長軍が幼帝の名を使い、自らを官軍と呼び、すべてを正義だとするやり方にも疑義を唱えた。

天子は君臨すれど統治せず。磐渓は朝廷を政治的に利用すべきにあらず、としたのである。

これは卓越した理論であった。

玉虫左太夫も同感であった。玉虫はアメリカの大統領制度、議会制度をつぶさに見聞し、幕府崩壊後の日本の政治は共和政治でなければならぬと考えていた。

大政奉還を提言した土佐の案に似ている。にもかかわらず、薩長の意に反する者は、武力で討伐するという姿勢に反発した。

仙台藩の若手のなかに養賢堂に火を放ち、総督府と一戦を交えんと画策する者まで現れた。

仙台藩首脳が優柔不断で、一度は会津攻撃を決め、会津国境に兵を出したことが、逆に仙台藩の若手に火をつけた。

「納得出来ない」

と玉虫らは水面下で、会津救済活動に踏み切った。梶原平馬、河井継之助に加えて玉虫左太夫の登場である。奥羽越に新たな胎動が起こるのは、それから間もなくであった。

三月下旬、玉虫は配下の若生文十郎《わこうぶんじゅうろう》を連れて会津に向かった。

まずは会津藩首脳の考えを聞きたい。

玉虫は米沢を経由し会津への山道を急いだ。新緑の山塊を左右に見ながら、国境を越え、会津城下にたどり着いた。

会津藩は主君容保以下、梶原平馬ら重臣が顔をそろえて玉虫を迎え、忌憚のない意見を交わした。

この会談の記録は『仙台戊辰史』（続日本史籍協会叢書）に記載されているが、注目されるのは、会津の主君容保と左太夫の会話である。会談が終わって、

「玉虫、そちはいけるとか、大杯をとらせよう」

容保がいうと、玉虫は、

「恐れながら小生、大杯（大敗）を嫌います。小盞（勝算）を賜りたい」

といったので、皆が声をあげて笑ったという件がある。これは仙台藩の心意気を示したものであった。

席上、会津の梶原は大鳥圭介や榎本武揚ら旧幕臣たちの動向、長岡の河井継之助との反薩長軍事同盟結成の密約などを玉虫に語り、仙台藩の決起を促した。

玉虫はそれに応え、仙台藩若手の意向を明かし、勝算を口にしたのである。

会津藩首脳と仙台藩の正使玉虫左太夫との間に、ともに戦うという阿吽《あうん》の呼吸が生まれた。それがこの会談であった。

仙台藩が薩長と決別を表明するのは、それから二カ月ほど後になる。

当面は和平工作を先行させねばと、仙台、米沢藩が会津の謝罪嘆願書をとりまとめ総督府に提出するが、参謀の世良修蔵が拒否し、あくまでも戦争による決着を叫ぶや、間髪を入れず、世良を福島の宿に襲って誅殺《ちゅうさつ》し、総督府が押さえる奥羽の関門、白河城を奪うのである。

幕府よりも閉鎖的な薩長のやり方

玉虫はいくつかの著作を残している。遣米使節の記録の白眉、『航米日録』のほかに、幕府外国奉行堀織部正《ほりおりべのしょう》に同行して樺太を含む蝦夷地の見聞記をまとめた『入北記』、さらには薩摩や長州の探索記事、食塩の製造論など枚挙にいとまがない。

どの文章も鋭い分析力は他の追随を許さず、例えば『航米日録』では、日米両国の根本的な違い、そこから得た日本の将来展望までをも考察していた。

ひとつだけあげれば、身分制の問題である。玉虫が身近に見たアメリカ人は、人の上に立つ者ほどよく働き、上下分け隔てなく人に接した。

日本は門閥の壁が厚く、上士に生まれた者は能力がなくても人の上に立っており、その弊害は極めてひどいと批判した。

政治形態も選挙による市民参加の開かれたものであり、日本の固定化された身分制度や閉鎖的な幕藩体制は早晩、変わらざるをえないとしたのである。

薩長のやり方は幕府よりも、もっと閉鎖的で、反対派をことごとく武力で叩く凶暴な集団であった。孝明天皇毒殺の噂、討幕の偽勅の作成、これらも玉虫にとって見逃すことのできない問題であった。

戦うしかないかもしれぬ。玉虫は燃えた。こうして薩長に対する不信感が、奥羽越に大きく広がって行った。

この戦争をどう見るか。

戦前はおしなべて薩長寄りの見方が一般的であった。官軍が朝敵を制圧したという維新史観である。開明の薩長と保守の奥羽越の避けられない戦争であり、開明派が保守派を破ったので、近代日本の建設が早まったなどという自称進歩的な学者が何人もいた。

彼らは戦線を離脱したり、いち早く降伏した者を尊王の志士として称えた。

たとえば長岡を裏切り、官軍を新潟の海に誘導した新発田《しばた》藩や土佐兵と一緒に二本松を攻め、会津攻撃の誘導に手をかした三春《みはる》藩などである。今日、彼らが勤王なるがゆえに隣藩を裏切ったと考える研究者は少ない。

藩内部の上士と下士の抗争とか現実の戦況を分析し、官軍に就いたほうが得策だとする功利主義である。

何でも右か左かと決めてしまうやり方が、真の歴史を隠蔽してしまった。

たとえば長岡藩では、戦争が始まると何人かが脱走した。このなかにはかつての重臣もいた。

主戦派は「あいつは右向け回れだ」といった。落伍者の意味である。ところが戦争が終わると、この落伍者たちが尊王派と称して主戦派の河井継之助の攻撃に回り、長岡の歴史をゆがめたことが『河井継之助伝』に記されている。

薩長軍は官軍にあらず

会津や仙台、長岡、あるいは庄内、盛岡で、この戦争が何であったかを見つめる作業がはじまったのは、明治の後半からである。

『河井継之助伝』もその一つである。明治四十二年に越後の文筆家今泉鐸次郎《いまいずみたくじろう》が執筆したもので、仙台でも明治四十四年に藤原相之助《ふじわらあいのすけ》が『仙台戊辰史』を編纂した。『会津戊辰戦史』はかなり遅れ、昭和八年に山川健次郎が出版した。

会津は薩長藩閥政府に睨まれた時代が長く続き、史書の編纂も他に比べ大きく遅れをとったのである。

どの作品も優れた内容だったが、中央からは一人よがりの地方史、あるいは郷土史と見なされ、学問研究の対象からは外されがちであった。

そのために梶原平馬、河井継之助、玉虫左太夫といった人々が何故、戦いに突入していったかを理解することは難しく、勝者に比べ評価も極めて低かった。

玉虫らは薩長軍は官軍にあらず、錦旗を持ち出して官軍と呼称した私兵であると反発した。

ここに奥羽越列藩同盟が結成され、東北、越後をあげて官軍と戦う所以があった。

勝てば官軍、負ければ賊軍のたとえどおり明治以降、戊辰戦争は官軍、賊軍の戦争というゆがんだ歴史観で固定化され、いつの間にか〝白河以北一山百文《しらかわいほくひとやまひゃくもん》〟が定着していった。

明治政府にとって、そうしたほうが都合がよかったことはいうまでもない。

薩長連合国家と北方政権の対決

さて東北の戦いだが圧倒的な戦力を保持する薩長軍に対し、梶原らはどのような戦略を立て、自分達の展望を描いたのであろうか。玉虫が中心になって練り上げた列藩同盟の盟約と戦争戦略がある。

一、大義を天下に述べることを目的とし、小節、細行にはこだわらない。
一、船を同じにして海を渡るごとく、信義をもって行動する。
一、急用あるときは近隣諸藩に速やかに連絡し、応援をあおぐ。
一、武力で弱者を犯してはならない。機密を保持し、同盟を離間してはならない。
一、みだりに百姓を使役してはならない。
一、大事件は列藩集議し、公平を旨とする。
一、出兵する際は同盟に連絡すること。
一、罪なき者を殺してはならない。金穀を略奪してはならない。

以上の八カ条を盟約とし、薩長の不正、不義を糾弾し、公正、正義な政治の実現を盟約に掲げた。皇国も維持し、天皇のもとに新制国家を作ることも大きくうたった。

尊王という面ではニュアンスの違いはあるが、基本線では同じであった。

奥羽越を母体にして北方政権を樹立し、薩長中心の国家ではなく、奥羽越の諸藩が中核となった日本国の建設を目指そうとしたのであった。かくして薩長を中核とした薩長連合国家と会津、仙台、長岡、米沢、庄内などの北方政権の対決となったのだ。

東軍、西軍の戦争である。慶喜や海舟が夢想だにしない新たな展開であった。

参考までに列藩同盟の具体的な戦略を見ると、第一の柱は白河戦略である。会津、仙台、二本松藩が中心になり、ここを守り、関東に打って出るとした。

第二の柱は越後戦略である。越後は米沢、長岡、庄内、会津で守り、信州、上州、甲州、加州、紀州とも連合の道を探るとうたった。

第三の柱は庄内戦略である。米沢藩が支援し、庄内の冤罪《えんざい》を天下に知らしめるとした。

第四は旧幕府陸海軍との連携である。陸軍はすでに戦列に加わっており、問題は海軍であった。全力を尽くして榎本艦隊の参戦を求めるとした。

第五は諸外国に奥羽越の正当性を訴え、新潟港を列藩同盟の国際港として開放し、世界と交易することを宣言した。

わずか三、四カ月の短時間にもかかわらず、ここまでまとめ上げたエネルギーは驚異的でさえあった。

この戦略で注目されるのは、榎本艦隊との関連である。梶原や玉虫は艦隊を仙台と新潟に配備し、一部は大坂や下関、鹿児島までへも出動させ、後方を擾乱することも脳裏に描いていた。

ＮＨＫが「堂々日本史」（平成九年五月六日放送）でこの問題を取り上げ、米沢藩士の未公開資料『米沢戊辰戦紀』を使い、列藩同盟と榎本の新潟防衛戦略を紹介した。

佐渡を基地として、ここに軍艦を配置、新潟港の防衛に当たり、同盟軍の補給基地を確保するというものであった。

榎本が確約したかどうかは、はっきりしない面があり、今後の検証を待たねばならない部分も多いが、もし榎本艦隊の一部が新潟にきていれば、戦況は大きく変わっていたことは十分にありえた。

実際に榎本が仙台に向かったのは、新潟が落ち、会津に敵が侵攻してからで、すべては後の祭りであったが、可能性として北方政権は存在しえたのである。

榎本艦隊が遅れたのは、海舟が榎本艦隊を西郷との交渉の切り札に使い、江戸の海に止めおいたためだった。

幕臣である榎本にしてみれば、西郷と海舟の交渉を見守り、徳川家臣団の駿府移住を見届けたいという思いもあったろう。また旧幕府がアメリカに注文した甲鉄軍艦ストンウォール・ジャクソン号を手に入れるべく工作を重ねていたこともあろう。

さらには長いオランダ留学でヨーロッパの農業に着目した榎本が、若い頃に視察した蝦夷地を開拓し、旧幕臣をこの地に収容しようと考えたこともあろう。

いろいろの要因が重なって参戦が遅れてしまったが、いかなる場合も奥羽越があって、はじめて可能になるものであり、海舟に引きずられ、江戸にとどまり過ぎた榎本の判断ミスが、その後の榎本軍の運命をも決定づけたといえよう。

会津人の榎本批判

榎本が会津藩主松平容保に寄せた手紙が残っている。容保が越後への出動を求めたのに対し、心境を述べたもので、

「微力ながら一日も早く、御助力仕りたいが、主家の成り行きを見届けた後でなければと思い動けずにいた。しかし駿府への移送の見込みもたったので、来月二十日頃には仙台に向かい、奥羽の防衛を相談仕りたい」（『会津戊辰戦史』）

というものであった。

日付は七月二十一日である。

新潟に敵軍艦が現れ、上陸作戦を敢行したのは、七月二十五日である。やはり榎本は徳川家にこだわり過ぎて、大局を見失ったのである。

もしも河井継之助が獅子奮迅の戦いを見せていた五月、六月に発進すれば、越後の陥落は防げたし、仙台や米沢も途中で戦場を離脱することはなかったであろう。

海舟は再三、榎本に奥羽越には人物なしと否定的態度をとった。海舟は『幕末日記』に、

このことをはっきりと記している。

「六月三日、榎本和泉（武揚）白戸石介（大目付）仙台、米沢の議論を助けて衆評せんという。我見るところ別にあり。当今、大事を成すは、国の大小にあらず。人の多きにあらず。唯、人才にあり。東国人才あるを聞かず。ただ大国と人衆を頼みての策略、はなはだ疎なり。会津忠あるに似て、その実は非なり」

海舟は幕府が今日の事態に陥ったのは十のうち八、九は会津藩のせいだと非難し、さらに奥羽には人物がいないと断言した。かくして榎本の気持ちもしぼみ、会津救済の論議は立ち消えになった。

海舟は自分の利益を優先させ、榎本を江戸の海に張り付けたのである。列藩同盟側の思い込みと榎本の認識にギャップがあり、加えて情報伝達の手段に極めて乏しいこともあって、列藩同盟の一連の大作戦は功を奏すことはなかった。

かくして白河が落ち、越後を奪われ、列藩同盟は半年で瓦解し、北方政権の夢は空しく消えるのである。最後は孤立無援となった会津藩が三千人もの死者を出し、白旗を掲げて降参する無残な結末となるが、このときの海舟の日記も冷たい。

「会賊父子、滝沢村妙団寺にて謹慎蟄居、これまで三千人ばかり籠城、三十日夜の砲発、五百人死傷、ほとんど困苦に及び、かろうじて降伏の意を官兵に通ずと」

慶喜のために全力を尽くした会津は賊呼ばわりされ、どこを探しても同情や哀れみの言葉はない。会津生贄論はこれで一層明確になってくる。

それにしても榎本が海舟に振り回されず独自の判断をもっていれば、一発逆転の可能性は十分にあり、榎本の蝦夷政権も違った展開になっていたであろうことは間違いない。

歴史の歯車は非情であった。

戦後、会津人は慶喜と海舟をひどく嫌ったのはけだし当然だが、榎本についても、

「海軍の技術には長じたが、天下の大勢を見る目はまったくなかった。我が公の要諦を入れて、軍艦二、三隻を越後に派遣すれば、新潟が落ちることもなく、新発田が裏切ることもなかったであろう。この大切な時期に戦の勝敗に関係ない主家の成り行きを見届けんと品川に停泊していたのはまったく理解に苦しむ。奥羽越列藩があってはじめて榎本艦隊の重要さがあるのであり、奥羽が敗れてから北海道に向かったところで、何ができようか。愚の至りである」

と痛烈に批判した。

これほど厳しい榎本批判は他には見当たらない。本来、慶喜と海舟にぶつけるところだが、明治に入っても依然罪人扱いの会津人はこのことをあからさまにいうことも出来ず、榎本をこき下ろして溜飲を下げた面がなきにしもあらずである。

傍観者に終始

慶喜も海舟も奥羽越の戦争については、完全に傍観者の態度に終始した。下手に動こうものなら徳川家の再興に傷がつくと、見て見ぬふりであったことは、海舟の日記で見たとおりである。

戦争が終わっても援助の手を差し伸べるわけでもなく、

「仙台破れ、会津降り、彼等の連合は四分五裂し、一人の男もいない。その藩士はばらばらで、勤王家あり、中立家ありで、たまたま勇気あるものは倒れて跡なく、その狼狽は言語に絶するものがある」

と見放した。

例外は越後の河井継之助である。

「尋常の士にあらず。後、戦死す。惜しむべきなり」

とその勇気を称えた。しかし、これもよく見ると多分に山県有朋や黒田《くろだ》清隆《きよたか》（了介）らに迎合した発言ではないかと思われるふしがある。

越後口の参謀であった山県と黒田は、何度も継之助に苦戦を強いられ、一度は逃げ出すことを考えたほどだった。

戦後、山県は回想録『越の山風』で河井の強さを認め、黒田は河井の追悼の碑文に挨拶を寄せている。

勝海舟の巧みさは、その辺りにも鮮やかに表れているように思う。

この期間、慶喜は水戸で謹慎していたのだが、この期に及んでも水戸藩はあいも変わらず藩内抗争に明け暮れていた。それは目を覆うばかりのひどいものであった。近親憎悪の凄さというか、醜さである。

旧幕府を支持する市川三左衛門の一派数百人は、会津藩で闘う慶喜の実弟喜徳を守るため水戸を脱走した。

市川勢は会津城外の坂下で越後に向かう会津の将佐川官兵衛に会い、同行を求められている。ところが尊王派の本圀寺勢が反発を強め、市川勢を追って会津に向かい、市川勢の引き渡しを求める事態となった。

官軍が攻め寄せてくる状況のなか、会津藩がそんな申し出に応じるはずはない。市川勢は越後に転戦、河井継之助を支援している。市川勢は戦いを重ねるに連れて兵員が減少し、最終的には二百五十人前後に落ちたが、武士の意地を貫きとおした一団であった。

会津に落城の危機が迫るや市川勢は水戸に戻り、再起を期そうとするが、待っていたのは本圀寺勢との内戦であった。

弘道館に陣取った市川勢と城内の守備兵との間で砲撃戦となり、双方に多数の死傷者を出し、弘道館は焼失した。

市川勢は敗れて逃走し、追討軍がそれを追いかけるという、またも悲惨な結末となった。

これは慶喜が駿府に去ってからのことだが、慶喜の足を最後まで引っ張る水戸藩の内紛であった。

首領の市川三左衛門は追手を逃れ、東京に潜伏したが、明治二年二月に水戸の捕吏に捕らえられ、水戸長岡原で逆さ磔《はりつけ》の刑に処せられている。

「見物人山のごとく詰めかけ、尺寸の地をも余さず。並木の両側へは飴菓子などを売る商人ら店を張り、あたかも祭礼場のごとし。逆さ傑は生きながら逆さまに晒し、額に穴あけ、その上で突き殺し候事のよし」

当時の記録が『水戸市史』に収録されている。水戸藩の哀れさが如実に出ていて背筋が寒くなる。

第十章　慶喜残照

三十二歳で隠退閑居

徳川慶喜はわずか三十二歳で歴史の表舞台から消えた。

慶喜が水戸から駿府に向け出立したのは七月十九日である。

白河の辺りや越後では激しい戦闘が続いており、慶喜の動向に注目する向きもあって、早目の駿府行きだった。

逃げまくる慶喜

慶喜は逃げまくる男という芳しくない汚名は付きまとう。表面はそうかもしれないが、内面に深慮遠謀が秘められていたのではないかという思いを昨今、感じるようになった。

慶喜論は複雑で、多面的、単純にあらずと感じるようになった。

京都から逃げ帰り、上野の大慈院で二カ月過ごした慶喜は、勝海舟と西郷隆盛の会談で、命が保証されるや、水戸に逃れ、針の筵の日々を過ごしていたが、上野の戦争終了後、薩長新政府は徳川家に駿府で七十万石の所領を与え、徳川家の人々に生活の糧を与えたことで、慶喜も駿府に向かった。

慶喜は銚子から榎本武揚指揮下の軍艦に乗り込んで、清水港に向かい、駿府の宝台院に入った。

慶喜はもはや過去の人で、小さな寺院である宝台院の薄暗い部屋で謹慎する日々だった。

慶喜の周辺に生きた老女たちの聞き書きをまとめた、遠藤幸威の『女聞き書き　徳川慶喜残照』によると、「慶喜さんは徳川家を滅ぼした人」と周囲から冷たくあしらわれ、徳川家の集まりがあっても座る場所がなかったということだった。

あるとき慶喜が床柱を背に座ると、遅れてきた旧幕臣の一人が、

「私の座る場所がない」

と慶喜を横目でみた。

床柱など背負える身分かという痛烈な皮肉だった。

渋沢栄一との再会

慶喜の抜擢でフランスに派遣された渋沢栄一は、帰国すると、使節の昭武の書状を持参して駿府に出向いた。勉学に励もうとした矢先に幕府が倒壊し、勉学資金も途絶え、主人の昭武とともに帰国する羽目になった。

昭武が慶喜に会うと、とかく誤解を招きやすいというので、渋沢が報告に出向いた。一人で出かけたのだが、あまりにも落ちぶれた様子に渋沢は涙を拭き、フランス留学中の様子をこと細かに報告すると、慶喜は目を細めて聞き入った。

それにしても人間はこれほどすっぱりと、過去を切り捨てることが出来るのだろうか。単なる凡人の過去ではない。

徳川十五代将軍に就き、タイクーンとあがめられた栄光の人物である。

渋沢はこの時、慶喜の復権に努力したいと心に誓った。

渋沢は帰りぎわに藩庁に出仕するように勘定組頭からいわれたが、

「自分は窮乏の駿府藩の禄をむさぼりにきたのではない」

と断り、農商の道を歩むことを伝えた。

この時期、慶喜に会った人々は、淡々とした慶喜に首をかしげ、一体この人は賢君なのか、それとも暗愚なのか、はたまた腰の据《す》わらない卑怯者なのかと判断しかねたというが、渋沢はこれこそ名君のあかしだととらえた。

渋沢は後年、明治財界の大立者となって、晩年の慶喜を支え、『徳川慶喜公伝』の編纂にも当たるが、自分が編纂に加わるきっかけはこのときの対面だった。

勝海舟は八方傷だらけの幕府を鮮やかに軟着陸させた名君と称えたが、幕臣の多くは首を傾げ、期待を大きく裏切った人物と酷評し、榎本武揚は「腰が抜け申したか」と江戸城の評議で慶喜を面罵し、側で仕えた会津藩の人々は「初め勇にして後に怯える性質」と慶喜をこき下ろした。

私なりに推理をすれば、天と地がひっくり返るような衝撃を日々重ね、その過程でおのれの無力に苛《さいな》まれ、戦いに踏み込めない優柔不断さに嫌気がさした。こうなれば人間としての誇りをもかなぐり捨てて、貝のように口をつぐみ、じっと耐えるしかない、と思ったのではあるまいかと推察した。

人間、見栄を捨ててしまえば、意外に気楽に暮らすことが出来るのかもしれなかった。

三十年にわたる静岡暮らし

慶喜はその面でも変わり身の早い人物だった。慶喜が謹慎を解かれたのは、明治二年九月である。

慶喜は静岡の紺屋町の元代官所の屋敷に住み、正室の美賀子を東京から呼んだ。しかし慶喜の周りには、お須賀、中根《なかね》幸《さち》、新村信《しんむらのぶ》ら何人もの女性たちがいて、慶喜の私生活は、正室の美賀子と女中頭のお須賀と脇女中のお幸とお信の三権分立の原理で保たれていた。

これらの女性たちとの間に男十人、女十一人をもうけた。

家を継いだのは七男の久で、慶久《よしひさ》と名を改め有栖川宮威仁《たけひと》親王の二女実枝子と結婚、慶喜と同じ公爵を与えられている。

十男の精《くわし》は勝海舟の養子になっている。慶喜は海舟を命の恩人と認めていたのであろう。勝家も晴れて慶喜の一族となった。

慶喜の女好きは、かなり異常で、なかには、新門辰五郎の娘お芳もいた。

趣味は狩猟、放鷹、写真、油絵と幅広く、なかでも若い頃から馬術の達人で、馬に乗って打毬《だきゅう》に興じたほどである。大弓も得意だった。毎日、百五十本を日課にしていた。いまでいえばスポーツマンであった。

食事にはことのほか気を配り、タイ、マグロ、ヒラメなどの刺身を好み、ウニ、ナマコ、鶏卵の半熟なども好んで食べた。

パンとミルクですませることもあった。栄養価があり、しかもヘルシーな食事を多く摂っており、精が強いのもなるほどとうなずけた。

駿府にきて数年もたつと、すっかり生活のリズムをつかみ、野山を駆けまわり、狩猟に明け暮れるようになる。

もっとも好んだのは放鷹である。

東京の鷹匠村越才助から大鷹を買い求め、静岡の近郊から清水港あたりまで出かけて楽しんだ。

歩くことで足腰が鍛えられた。

川で投網《とあみ》に興じることもあった。

家にいるときは謡曲と囲碁に励んだ。囲碁は初段の腕前で、相手をした早稲田の創設者大隈重信は、その強さに驚いたという。大隈がどの程度の腕であったか、それが問題だが、慶喜の筋はよかったようである。

もともと声のいい慶喜である。宝生流の松本金太郎を相手にのどを磨き、大倉喜八郎の別邸で謡った熊野《ゆや》は「うまかった」と後々まで語られた。

本質的に慶喜は趣味の人であり、動乱期の武将としての才能は、もともとなかったのかもしれなかった。

現代流にいえば文化人であった。

慶喜とて血も涙もある人間である。会津藩のその後の動向や榎本武揚のことを忘れたわけではないだろうが、政治活動は禁じられていたので、趣味に生きるしかなかったのかもしれない。

『家扶日記』（戸定歴史館蔵）に明治五年以降の記録があるが、慶喜は何事も凝るのが特徴で、油絵はカンバスを自分で作り、粉絵の具を胡麻油で溶いたものを絵の具として使い、絵を描いた。

世をはかなんで頭がおかしくなるといったことは、慶喜にとってまったく無縁であった。不思議といえば不思議な性格だった。

ふたたび東京へ

慶喜は明治三十年（一八九七）、六十一歳のとき、三十年住んだ静岡を離れ、東京に移り住んだ。

華族に列せられ、従一位も手にした。

大日本帝国憲法が公布されて十年近くになり、日本はすべての面で大きく変わり、富国強兵が現実のものとなり、東洋の軍事大国として、清国に宣戦を布告、清国北洋艦隊を撃破し、さらには台湾に兵を出すなど破竹の勢いであった。

しかし慶喜にとっては、すべて無縁のことであり、自分が新制日本を作っていれば、どんな国家が出来上がっていたか、などと考えたこともなかった。

慶喜は世俗から離れたいわば宇宙人であり、病気もせずに生きながらえ、母文明夫人を四年前に、正室の美賀子夫人を三年前に亡くし、会津の松平容保もこの世を去ったが、慶喜だけは長命だった。

海舟は明治三十二年（一八九九）、脳溢血で倒れ、慶喜の末子を養子に迎え、「コレデオシマイ」の一語を残してこの世を去った。

海舟は享年七十七歳であった。それから七年後、慶喜も海舟と同じ七十七歳で死を迎えるが、慶喜と海舟は不思議な因縁で結ばれた関係だった。

晩年、慶喜は、かつて自分の住まいであった宮城にも足を運び、天皇、皇后にも拝謁した。

このときの感慨を慶喜は記録に残していないが、慶喜に気を遣ったのは明治天皇のほうだった。宮城はもともと慶喜の居城である。

歴史がどこかで逆に動いていたら、慶喜が依然としてここに住んでいたに違いなかった。明治天皇は大いに気を遣い、酒肴でもてなしたといわれている。

明治天皇は、慶喜が帰ったあと伊藤博文に「俺も今日でやっと胸のつかえがおりたよ。慶喜は浮き世のことは仕方がないといってくれた」と語ったという。

東京における慶喜の住まいは、初めは巣鴨一丁目だったが、明治三十四年に小石川小日向第六天町の邸宅に移った。

敷地は三千坪、建坪千坪あまりの平屋の日本家屋で、見晴らしのいい高台にあった。慶喜の孫に当たる榊原喜佐子の『徳川慶喜家の子ども部屋』を読むと、ここは質素ではあるが、最後の将軍にふさわしい奥ゆかしい雰囲気の住まいであったという。

慶喜は明治三十五年に公爵になり、四十一年には勲一等旭日大綬章を賜り、それに伴い、屋敷も一段と賑やかになっていった。

家にはかつての家老に当たる家令、その下に家扶、家従といった側近が数人、さらに会計担当、書記、調度係、外交係などの表の人、そのほか書生や運転手、植木屋、大工、料理人、巡査、風呂たき爺など大勢の男たちがいた。

女たちは須賀を筆頭にお方や女中、飯たき婆、草取り婆などもいて、男女合わせると五十人はゆうにいる大家族であった。

伊藤博文との会話

明治三十四年の頃、ときの総理大臣伊藤博文が、慶喜と二人で話し合っている。

伊藤は長州の貧農の倅に生まれ、吉田松陰に学び、尊王攘夷を叫んで品川のイギリス公使館を襲撃したこともあり、開国で四苦八苦する慶喜の天敵のような存在だった。

文久三年（一八六三）にイギリスに留学、西洋文明に接し開国派に転じ、四国連合艦隊が下関を攻撃したことを知るや急遽帰国し、高杉晋作らと和平に奔走、その後は討幕派のリーダーの一人として、慶喜に立ち向かった人物である。

幕府は瓦解して慶喜は姿を消し、伊藤は勝利者としてエリートコースを歩み、明治十八年（一八八五）、初代の内閣総理大臣に就任した人物である。

明治二十五年に第二次伊藤内閣を組閣、三十一年に第三次伊藤内閣、三十三年に第四次伊藤内閣を組閣した立志伝中の大人物である。

日頃、なぜ慶喜が戦わずして恭順したのか、伊藤には理解しにくい思いがあった。

慶喜が戦えば、薩長が勝利したかどうかは、まったく分からず、いまの自分もなかったかもしれなかった。

一度、そのことを聞いてみたいと思っていたので、有栖川宮邸で開かれたスペイン国王族の歓迎パーティのあとで、伊藤は慶喜と二人になる機会を得た。

「維新のとき、公が尊王の大義を重んぜられたのは、いかなる動機であらせられたか」

と伊藤が聞くと、慶喜は一瞬、迷惑そうな顔をしたが、

「ただ庭訓を守ったにすぎぬ。ご承知のごとく水戸は尊王であった。我らは三家、三卿の

一つとして公儀を輔弼《ほひつ》するのは当然だが、朝廷と幕府の間に何が起ころうが、朝廷に弓をひくことはありえなかった。父の遺訓に従ったまでだ」

と答えたという。

百戦錬磨、表も裏も知り尽くした伊藤のことである。すべてを鵜呑みにしたわけではあるまいが、「なるほどな」と思える部分があった、と後に渋沢栄一に伝えている。

世が世ならば自分が新制日本の頂点に立っていたのだという自負心、抵抗の心が言外に秘められていたに違いない。

しかし慶喜は一瞬、顔色は変えたもののすぐに平常心に戻り、伊藤に対し、実に優等生の答弁をした。伊藤は慶喜の懐の深さに驚いたという。

旧き日本の終わり

慶喜は明治四十三年に七男慶久に家督を譲り、もっぱら趣味の世界に生きている。

楽しみはおのが心にあるものを
月よ花よと何求むらん

と歌を詠み、晩年は禅僧のように黙座し、無念無想の境地にひたり、

山桜さきもさかずも大君の
春の心に我はまかせん

という歌も詠んでいる。

慶喜が体調を崩したのは大正二年（一九一三）十一月四日であった。

「風邪だよ」

と、床にふせった。

そこに九男の誠に男爵授与の知らせが入り、慶喜は大層喜び、身に余る光栄と六日に参内し大正天皇に礼を述べた。

これで風邪も治ったかに見えたが、十四日から発熱し、次第に食事も受け付けなくなり、一門の人々の懸命の看病もむなしく二十二日の午前四時十分、眠るように息を引き取った。

この知らせを受けた大正天皇は早速、侍従を遣わしてお悔やみを述べられ、お見舞いの品と旭日桐花大綬章を賜った。

葬儀が行われたのは十一月三十日である。斎場の上野公園の寛永寺第二霊屋は、会葬者であふれ、全国各地から駆け付けた旧臣の顔も目に付いた。

東京市民はこの日、歌舞音曲を停止して哀悼の意を表し、東京市長阪谷芳郎《さかたによしろう》は、

「そもそも江戸の開創は徳川家によってであり、以降三百年、市民が安寧を享受してきたのも徳川家の恵沢によるものである。公は卓越した英資をもって皇室に七百年来、武門に移った政権を奉還し、平和の間に江戸城を開いた。よって東京市は今日の興隆をみるにいたった。公の偉勲を感謝し、永劫、これを忘れることはない」

と、薩長藩閥政治に対する江戸っ子の皮肉をこめた最大級の哀悼文を呈し、会葬者たちの共感を呼んだ。

それは、慶喜というよりは家康以来の徳川家に対する恩義であった。

翌日、新聞各紙は大きく慶喜の葬儀を報じ、「古き日本去る」と十五代将軍慶喜の生涯を総括した。

日本人の通例として死者に対しては、その功績を称えるのが至極当然のことであり、東京朝日新聞は「君国の大事に対し、一身の栄華を犠牲にした輝ける偉人」とし、「明治大帝の積極的偉人にたいし、消極的偉人というべき人である」と天皇との比較まで書き連ねた。

読売新聞は「公は大政を奉還して今日にいたるまで終始、謹慎の二言で余生を貫いたのは到底凡人の及ぶところではない。日本の歴史を通じて謙譲の美徳を発揮した模範的大人物である」と、佐幕派や会津関係者に対する配慮も感じさせる紙面だった。

時事新報は、「伏見において錦旗に発砲したとして汚名を負ったが、これは一時の行き違いで、勤王随一と称する長州藩の御所への発砲はどうなるのか。成敗でもってことを論じるのはときの政治家の方便である」と、ときの政府を皮肉り、「五十年前に将軍であった人物が終わりをまっとうしたことは一種の奇跡である」と率直な感想も加えた。

大阪の新聞も大きく報じた。

大阪朝日新聞は「公の薨去《こうきょ》はいまの日本になんらの影響を与えるものではないが、よく身を保ち、よく国家に利した哲人というべきである」と論じ、大阪毎日新開は「その絶大な私権と私栄を捨て大勢一転の国家をつくった」と称賛した。

ともあれ最後の将軍の葬去で、旧き日本は永久に去ったのである。

慶喜の評価

我々は最後の将軍、慶喜をどうとらえるべきであろうか。

私は冒頭で責任を放棄した無責任な政治家と慶喜をとらえ、現代政治家のいわば元祖ではなかったかと記述した。

しかし取材を進めてゆくと、慶喜の逃げの姿勢は高度な身の処し方だったのではなかろうか、という思いにも駆られた。

慶喜とは単純な図式では描き切れない深さのある人物とも感じた。

私は以前、下北半島や北海道で苦難を強いられた会津藩士たちの足跡をたどる旅に出かけ、その旅で二人の会津藩士の人生を見つめ、明治維新を改めて考える機会を得たことがあった。

そのうちの一人は荒川類右衛門勝茂という会津藩の下級武士だった。

荒川は会津藩の下級武士で、京都にもいた。

城下の戦いでは進撃隊に加わり、槍で敵兵に立ち向かい、相手の太刀をかいくぐり、ひざまずいて胸板を突き、倒したこともある歴戦の雄だった。

会津城下の戦いは、見るも無残なものだった。城下の至る所に死体が散乱し、傷口から蛆《うじ》虫がわき、神社の境内に女の裸体が晒されていた。

両軍ともに敵兵を捕らえると生肝を抜き、火にあぶって醬油をかけ、うまいうまいと食らいつく、身の毛もよだつ恐ろしい戦争だった。

一カ月間の籠城戦の後、血の海と化した会津城に降参と大書した白旗が立ち、会津藩士とその家族一万数千人は本州最果ての下北半島に流され、全員が「会津降人《こうじん》」と呼ばれ、罪人扱いだった。

荒川類右衛門はこのとき、三十八歳であった。

母と妻、長男、次男、三男の三人の男の子と長女、次女の二人の女の子がいて、あわせて八人家族だった。

明治三年春、一家は下北半島に渡り、田屋村の平七の家に間借りした。一家は浜辺で昆布を拾い、山に入って山菜をとり、飢えをしのいだ。

冬は釜臥《かまぶせ》山からごうごうと寒風が吹き付け、三歳の三男が栄養失調と寒さのために死亡した。

翌年、土地を与えられ、類右衛門は開墾をはじめた。家族総出で、荒れ地を掘り起こして五升芋や粟をまいた。

芽がでたころ隣の馬に食われてしまい、収穫はなかった。母が全身水ぶくれとなって息を引き取った。餓死である。

食わなければ死ぬ。なんでも口にした。

毛虫のように何でも食うので「会津のゲダカ」といわれた。間もなく廃藩置県になり、会津藩再興の夢は消えた。

下北の会津人は流浪の民となって各地に散った。類右衛門は会津に戻り、張り子人形や傘はりをして暮らしを始めた。

そのうちに十四歳の長男が痢病《りびょう》にかかり、あっという間に死に、妊娠していた妻も長男を追うようにしてあの世へ旅立った。

二十歳の長女も母と弟の死を悲しみ、後を追うようにして命を絶った。

手元に次男と次女だけが残った。類右衛門はその後、教員になって明治の社会を生き抜くが、空しく死んでいった妻子を思うと日々、断腸であった。

もう一人、私の脳裏に浮かぶ人物は根室に眠る梶原平馬である。会津藩の政務担当家老で、戦争の際は会津藩最高指導者として、奥羽越列藩同盟の結成に奔走した梶原は、戦後忽然《こつぜん》と姿を消した。

しばらくの間、梶原は消息不明であったが、何と昭和六十三年になって、その一端が分かったのである。

妻の貞は根室の花咲《はなさき》小学校の教師を務め、後に私立根室女子小学校校長として活躍した才女で、貞の事跡を根室市が顕彰することになって、梶原平馬の存在が明らかになった。梶原は根室の荒涼たる海辺で、ひっそりと暮らし、五十四歳の生涯を閉じていたのである。

海の見える共同墓地で、平馬の墓を見つけたとき、私は暗澹たる気持ちでたたずんだ。彼はどのような思いで明治の社会を見つめながら生き続けたのであろうか。

明治維新とは一体、何だったのか。

人生に勝者と敗者が付きまとうとはいえ、慶喜や海舟はそうした敗者の世界になぜ目をつぶったのか。

お互い生きるのに精一杯だったといえば、それまでだが、慶喜は旧幕府の最高責任者であり、せめて伝記の『徳川慶喜公伝』のなかに、慚愧《ざんき》の思いや無念の思い、将兵たちへの思いやりを入れることは出来なかったのか。

伝記は慶喜存命中に編纂されたものだけに、その配慮のなさに、深い悲しみを感じざるをえなかった。

慶喜は明治四十二年八月に、福島県の猪苗代湖を望む景勝の地にある有栖川宮家の別邸を訪ねている。

そのおりに会津若松の飯盛山に足を運び、白虎隊の墓前に参拝したのではないかと推定される慶喜撮影の写真が残っている。

慶喜はどんな思いで少年たちの死と向かい合い、カメラのシャッターを切ったのであろうか。

この事実を知ったとき、私は慶喜にも会津の人々への気配りがあったことを感じ、いささか救われる思いをした。しかし、残念ながら会津側の資料に、このことを詳しく記載したものは見当たらず、会津若松への旅はあるいは、お忍びであったのかもしれない。

徳川慶喜を論じた本に、松浦玲の『徳川慶喜』がある。この本は実に明快である。

「慶喜は敗れた。敗れた後もいきながらえ、晩年に明治天皇制国家の貴族社会に功労者として組み込まれたのは、二重に敗北である。このため幕末に彼が持っていた折角の危険な可能性を毒抜きされてしまった。別な表現をすれば、慶喜は危険な毒を勲一等公爵で買い上げてもらったのである」

と記述してあり、なるほどなと思わせる表現だった。

海舟の方はどうだったのか。海舟は、明治藩閥政治をチクリチクリと批判し続け、赤坂氷川の屋敷でいいたい放題だったが、見方を変えれば、現実には何の力もない老人の冷やかしであった。

『海舟語録』を読むと、海舟は死ぬ頃は若い女中の房を手元において可愛がり、

「ぼうや、ぼうや」

と声をかけていたという。

慶喜も海舟も晩年は一人の老人であった。

あとがき

徳川慶喜という大将のチョンボを、一人背負ったのは奥羽越の人々だった。特に会津は全身で責任を負い、ひどい目に遭わされたのだから、気の毒としか言いようがなかった。割り切れぬものが残ってしまい、慶喜嫌いの人も多い。

ともあれ百五十年前の話である。

今更あれこれ論じても仕方があるまいと思う人も多いだろうが、その後遺症である会津と長州の確執は、今も根強く残っている。

十数年ほど前の話だが、萩の市長が会津若松を訪ねたことがあった。この時、新聞や雑誌が歴史的な和解かと、あれこれ書き立てたが、会津の怨念は、そう簡単に変わるはずはなく、今も変わりなく続いている。

会津人の怨念には二重の意味があるように思う。

薩長憎しもあるが、幕府の罪をすべて会津に背負わせ、逃げまわった慶喜への不信感も、相当に根強い。むしろこのほうが強いかもしれない。

私はふと青春の頃に読んだ島崎藤村の『夜明け前』を思い出した。

この小説は木曽馬籠の里を舞台に藤村の父をモデルにした幕末維新前後の長編ものである。

山深い馬籠の宿で本陣を務める旧家の十七代当主、青山半蔵が心躍らせて維新を迎えるという小説である。

藤村はこの小説で慶喜を「幕府は潮時だと自らの判断で大政を奉還し、ご一新を迎えた」と慶喜をほめ称えた。

たしかにこれも一つのとらえかたではあるが、幕府の屋台骨がぐらつきはじめた時、勘定奉行の小栗上野介は「せめて土蔵付売り家にしたい」と製鉄所や造船所の建設を急いだ。しかし、その上野介が斬殺され、血を流さないどころではなく、大量の血を流し、妙な形の薩長独裁の明治国家が出来上がってしまった。

実態は決して『夜明け前』ではなかった。

見逃してならないことは慶喜の無責任体質である。自分はさっさと仏門に入り、

「わるいのは会津だ」

と責任を転嫁した慶喜という人物の卑劣な態度である。西郷もそれを知っていながら会津に攻め込み、完膚なきまでに会津を叩いた。

幕末維新は慶喜と西郷のからくりの歴史であった。

東北人である私にとって、明治維新は、慚愧で無念の歴史なのである。
今回、この本の企画を立てられた「さくら舎」の古屋信吾発行人に、深く御礼を述べる次第である。

令和三年初秋

星亮一

著者略歴

一九三五年、宮城県仙台市に生まれる。一関第一高校、東北大学文学部国史学科卒業後、福島民報社記者となり、福島中央テレビ報道制作局長を経て、歴史作家になる。日本大学大学院総合社会情報研究科博士課程前期修了。

著書には『伊達政宗 秀吉・家康が一番恐れた男』『京都大戦争』『呪われた明治維新』『明治維新血の最前戦——土方歳三 長州と最後まで戦った男』『呪われた戊辰戦争』『武士道の英雄 河井継之助』『天才 渋沢栄一』（以上、さくら舎）、『偽りの明治維新』（だいわ文庫）、『斗南藩——「朝敵」会津藩士たちの苦難と再起』（中公新書）などがある。

『奥羽越列藩同盟』（中公新書）で福島民報出版文化賞、会津藩と新選組の研究でＮＨＫ東北ふるさと賞、『国境の島・対島のいま』（現代書館）で日本国際情報学会功労賞を受賞。

星亮一オフィシャルサイト
http://www.mh-c.co.jp/

運命《うんめい》の将軍《しょうぐん》 徳川慶喜《とくがわよしのぶ》
——敗者《はいしゃ》の明治維新《めいじいしん》

二〇二一年九月一〇日 第一刷発行

著者 星《ほし》 亮一《りょういち》
発行者 古屋信吾
発行所 株式会社さくら舎 http://www.sakurasha.com
東京都千代田区富士見一-二-一一 〒一〇二-〇〇七一
電話 営業 〇三-五二一一-六五三三 FAX 〇三-五二一一-六四八一
編集 〇三-五二一一-六四八〇
振替 〇〇一九〇-八-四〇二〇六〇

装丁 長久雅行
カバー装画 金子貴富
印刷・製本 中央精版印刷株式会社

ISBN978-4-86581-312-8

さくら舎の好評既刊

星　亮一

天才　渋沢栄一

明治日本を創った逆境に強い男と慶喜

農民から幕閣、明治官僚、実業家の道へ！　近代日本を築いた天才の活躍の裏には「論語」と徳川慶喜、日本古来の道義心があった！

1500円（＋税）

定価は変更することがあります。